Michael Wachtler - Günther Obwegs

Krieg in den Bergen

DOLOMITEN

Dritte Auflage 2003

Michael Wachtler-Günther Obwegs

Dolomiten - Krieg in den Bergen

Ferrari-Auer GmbH
Lauben 41
39100 Bozen
Tel. 0471 92 72 27
Fax 0471 92 72 26
e-mail: athesia.touristik@athesia.it
Internet: www.athesia.it/touristik

Umschlaggestaltung: Robert Leiter

Produktion: Mediateam GmbH

Innichen

Druck: Athesiadruck Bozen

ISBN 88-87272-42-5

www.dolomiten.net

Bildnachweis:

Brennerarchiv, Forschungsinstitut Universität Innsbruck: 27, 71 (5).
Franchi-Baur Antonia: 450
Geschichtsverein des 1. Weltkrieges, Bozen: 53lu, 65u, 133m
Holzer Rudolf: 87-91, 189.
Innerkofler Gottfried: 83l (3).
Kostner Heinz: 111
Lancedelli Rolando: 134, 193 (3)
Lichem, Heinz von: 139
Moroder Alfons: 18ro, 19r, 41, 53o, 140ro, 143, 144, 145.
Museo della Grande Guerra, Auronzo: 45, 75 (4), 81ru, 140l, 196.
Museo Ladin Val di Fassa: 57m, 62u, 74, 75ul, 172, 174, 187, 188l, 192.
Museo Storico Italiano della Guerra, Rovereto: 133o.
Museum 1915-18 - Kötschach-Mauthen: 104o (2), 180, 181.
Nössing Reinhold, Archiv: 51, 52, 62o, 99, 105.
Pizzinini Renate: 16
Reider Hugo: 79 (6).
Schönegger Martin: 49, 81o, 83r, 94, 146, 179, 199.
Stato Maggiore dell´Esercito, Ufficio Storico-Roma: 8, 9, 120-128 (Nr.Kat. 11, 94, 98, 103, 106, 171, 195, 198, 200, 204, 205, 206, 254).
Ubl Hannsjörg: 14, 21-26, 29-32, 34-37, 60-61, 182.
Unterkircher Anton: 96.

Alle anderen Fotos: Archiv Wachtler-Obwegs

Michael Wachtler - Günther Obwegs

Krieg in den Bergen
DOLOMITEN

Inhalt

Als Erstes stirbt die Zuversicht 13

Ein grenzenloser Aufschwung · Es konnte nicht anders kommen · Tausend Teufel tollen durch die Luft · Kameraden auf in den Tod · Grodek · Gefangen! · Den Namenlosen

Berge wurden Burgen 39

Der angekündigte Krieg · Standschützen, das letzte Aufgebot · Die neue Wunderwaffe Ski · Taten muss man zeigen · Die Flucht zu Gott · Das deutsche Alpenkorps

Ein Volk von Streitern, Helden, Schreibern 67

Krieg in den Sextner Dolomiten · Heldentaten muss man preisen · Die Sextner Rotwand · Sepp Innerkofler, Filmstar · Die zerstörten Dörfer · Das Schreiben der einfachen Leute · Hinter der Front

Berge werden in die Luft gejagt 107

Krieg in den ladinischen Tälern · Auf welche Seite schlägt sich Gott · Die Entlausung der Kämpfer · Der Krieg in Farbe · Der Blutberg wird gesprengt · Gefangene aus fremden Ländern

Kampf um die Marmolata 147

Die Marmolatawacht · Die Stadt im Eis · Lawinen kennen nicht Freund noch Feind

Am Ende siegt die Ernüchterung 183

Frieden soll herrschen im Lande · Die verschwiegene Krankheit · Der Fall Cesare Battisti · Die Erinnerungen bleiben ewig

Der Krieg ist eine Wunde in der Seele der Menschen, deren Schmerz nach immer grausameren Taten ruft. Doch kein Krieg schließt die Wunde. Jeder neue Krieg macht sie von Mal zu Mal nur noch tödlicher.

Eugen Drewermann, Friedensforscher

Den Nachgeborenen

Dies ist kein Buch, das wieder und wieder mit genauen Daten die Frontabschnitte aufzeichnet, das mit genauen Daten aufzuzeigen versucht, wie der „Große Krieg“ in den Dolomiten verlaufen ist. Historiker haben diesen Krieg bis ins Letzte analysiert, haben die Fehlentscheidungen aufgezeigt und die jeweiligen technischen Waffenarsenale gegenübergestellt. Unser Ziel ist es, die Menschen in den Mittelpunkt zu stellen, unabhängig von ihrer Nationalität, mit ihren Aussagen und Tagebuchaufzeichnungen, mit ihren inneren Leiden und Gefühlen. Menschen beider Seiten, die zeit ihres Lebens brave Handwerker, Arbeiter, Studenten oder Bauern waren und die einfach in den Krieg ziehen mussten, weil es von „oben“ so befohlen wurde. Die sich erst ein Feindbild schaffen mussten. Menschen, denen es nie eingefallen wäre, jemanden zu töten. Es ist ein Zusammenführen von Einzelschicksalen zu einem verwobenen Ganzen: Wie sie sich durch meterhohe Schneewände quälten, wie sie von Lawinen gefährdete Hänge durchquerten, weil sie mussten, weil es ihnen so befohlen wurde, weil ihre Kameraden seit Tagen oben ohne Essen und Trinken erschöpft ausharrten. Wir wollen nicht urteilen oder verurteilen, sondern Erinnerungen zusammentragen, um so das Abgelaufene besser zu verstehen. Indem wir die Vergangenheit zu verstehen versuchen, können wir auch das Zukünftige besser einschätzen.

Die Grauen des Krieges werden noch brutaler und sinnloser, wenn sie einem durch die Menschen vor Augen geführt werden. Das polternde Herz eines Soldaten, der weiß, dass er diesen Tag nur durch äußersten Zufall noch überleben kann, die aufgerissenen Augen eines sich im Tod wälzenden Kameraden, zerfetzt von Schüssen, zerrissen von Bomben. Wir, die wir die Bücher lesen, haben Abstand, uns kommt der Tod klinisch rein und fremd vor, diejenigen aber, die diese Grauen ertragen müssen, werden ein Leben lang gezeichnet. Manchmal drücken Fotos mehr als viele Worte aus. Welche Bilder geben am tiefsten das Leben während des Krieges in den Bergen wieder? Das ausgelassene Kegelspiel vor einer Baracke, nur wenige hundert Meter hinter der Front, das Theaterspiel, Musik, der makabre Tanz bei der Einnahme eines Gipfels, im Hintergrund die Toten liegend, aber auch die ausgemergelten Gesichter, die Besinnlichkeit, das Schreiben eines Briefes an die Lieben. Kriege werden auf dem Reißbrett geführt. Tausende Menschen werden von Generälen hin- und herbewegt. Deren Schicksal so entschieden. Meist namenlos gehen sie in die Geschichte ein. Die Fähigkeit, zu trauern und Schmerzen zu fühlen, bringt uns tiefer in unser menschliches Dasein und ermöglicht es uns besser, unser Inneres zu verstehen. Vom Ersten Weltkrieg blieben uns Bilder erhalten, die alle bis damals geführten Kriege an Technik, Brutalität und hinterlassener Dokumentation überragen. So blieben uns viele Augenblicke eingeprägt, als seien sie erst vor kurzem geschehen.

So ist dies ein Buch, das mit trommelnden und zusammengerafften Aussagen und Bildern wiedergibt, wie es ablief. Wie aus einem Maschinengewehr werden Augenblicke dem Leser unterbreitet, die meist die Quintessenz eines Menschenlebens bildeten. Vielfach sind es neue Bilder, bisher noch nirgends gesehene, aufgetaucht aus bisher unbekannten Archiven. Wie schwärende Wunden ziehen sich heute noch die Spuren des Ersten Weltkrieges durch die Dolomiten. Die Menschen haben diesen “Großen Krieg”, die “Mutter Katastrophe”, die das 20. Jahrhundert eingeleitet und geprägt hat, nicht vergessen.

Sensationelle "Farbaufnahmen" aus der österreichisch-italienischen Front vom Ersten Weltkrieg. Diese erst vor kurzem aufgetauchten Dokumente wurden vom tschechischen Fotografen Richard Synek gemacht, die Glasplatten von Hand koloriert und nach dem Krieg bei Vortragsreisen gezeigt. Makaber klingen heute seine damaligen

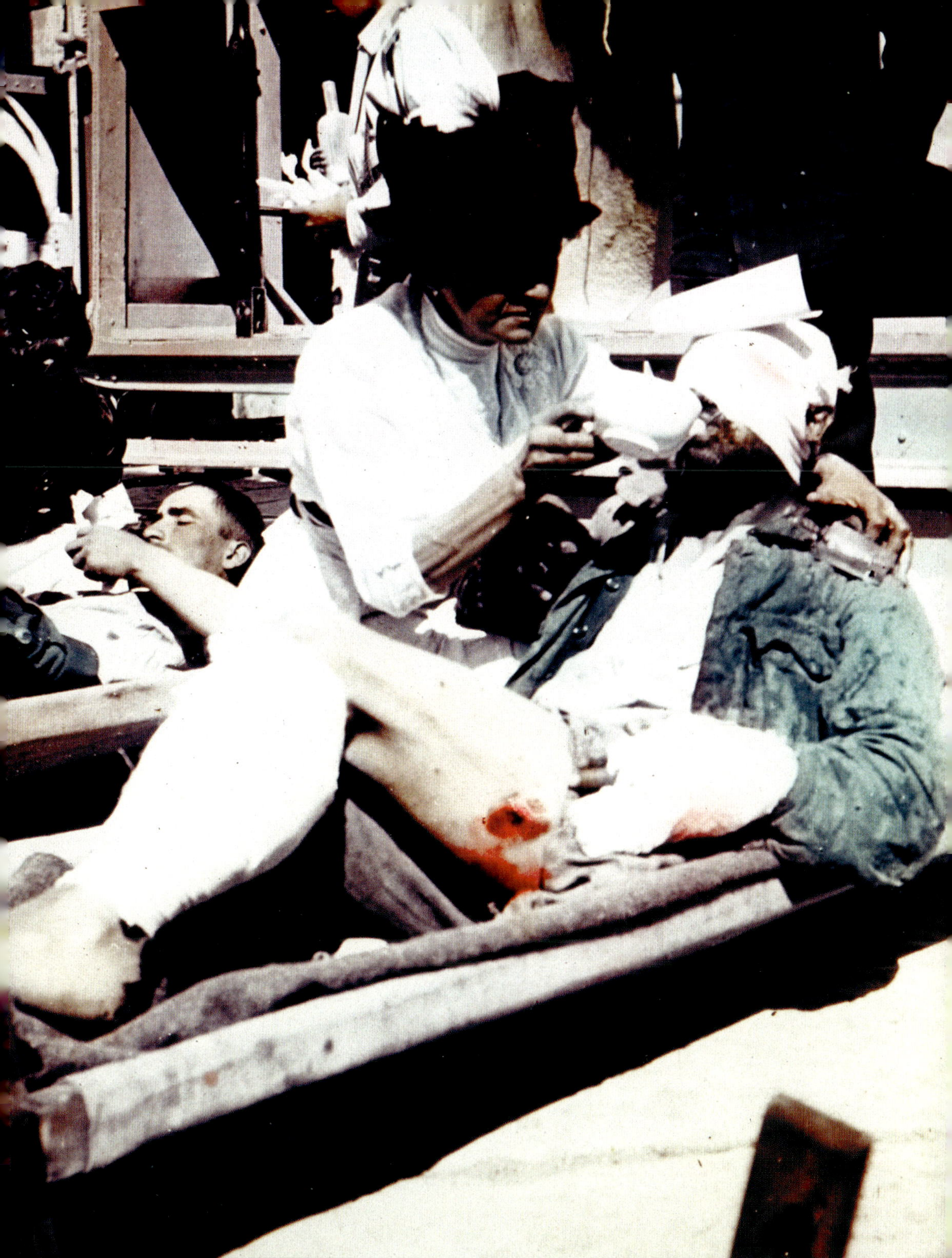

Ankündigungen für den Diavortrag: "Ich heiße Sie willkommen, die Sie heute gekommen sind, um meine Kriegserlebnisse aus Italien zuzuhören.... Zeugen bringt Eure Frauen, eure Kinder, eure Enkelkinder mit und zeigt ihnen zum letzten Mal die Stätten wo ihr im Krieg ward".

Der Erste Weltkrieg war der erste Krieg in dem die Technik zum Töten immer ausgefeilter wurde. Zum ersten Mal wurden vor allem die Maschinengewehre in hoher Zahl eingesetzt. Sie wurden zu wahren Tötungsmaschinen wenn ihre Geschoßgarben die heranstürmenden Soldaten niedermähten. Das österreichische

Schwarzlose-MG war wassergekühlt, musste von zwei Soldaten bedient werden und gehörte zu den ausgereiftesten Waffensystemen jener Zeit. Ein gut platziertes Maschinengewehr konnte den Ansturm hunderter von Soldaten abwehren.

Als erstes stirbt

"Den Namenlosen" nennt der Osttiroler Maler Albin Egger-Lienz - selbst an der Front im Einsatz - dieses erschütternde Gemälde. Es wurde zum Symbolbild des Ersten Weltkrieges schlechthin. Ausdrucksstark zeigt Albin Egger-Lienz das stiere Dahinschreiten der Masse in das Gefecht und in den

die Zuversicht

Tod. Sich hinter dem Vordermann duckend, hofft der Einzelne dem ausweglosen Schicksal zu entkommen. Dieses Werk zeigt wie kein zweites in all seiner Wucht und Tragik die Gräuel und Grauen des Krieges auf. Der Marsch der Namenlosen, dirigiert von Befehlshabern auf dem Reißbrett.

Der Krieg im Osten, in den weiten Ebenen Galiziens und Russlands. Aus tausenden Bildern wurde dieses ausgewählt, weil es an Ausdruckskraft, Brutalität und Schrecken alle anderen übertrifft. Dutzende Kämpfer liegen am Boden, zum großen Teil verwest, aber noch immer lassen sich die letzten

Sekunden dieser Soldaten vor dem Tod erahnen. Sie mussten ins offene Feuer laufen, wie befohlen. Hätten sie den Befehl verweigert, hätte man sie genauso erschossen. Wegen Befehlsverweigerung. Sie wurden dahingemäht und liegengelassen, ohne dass sich jemand weiter um sie gekümmert hätte.

Ein grenzenloser Aufschwung

Aufbruchsstimmung herrschte in den Dolomiten. Innerhalb von kaum fünfzig Jahren hatte sich das Land in den Bergen - Tirol - verändert. Mehrere Gründe trafen zusammen, und alle führten dazu, dass, hart auf ihren kärglichen Feldern schuftende Bauern urplötzlich zu Unternehmern wurden. Am 19. September 1857 steht der irische Bergsteiger John Ball als erster bewusst auf einem Gipfel der Dolomiten. Spät im Vergleich zu den Schweizer Bergen, doch immerhin. Dann geht es Schlag auf Schlag.

Ab 1863 erobert der Wiener Paul Grohmann zusammen mit einheimischen Bergsteigern systematisch Gipfel um Gipfel. Ein Berg nach dem anderen fällt unter dem Ansturm der Kletterer. Erst ab dieser Zeit beginnt sich der Name "Dolomiten" für das Gebirge allmählich einzubürgern. Es sind vor allen Dingen englische Reiseschriftsteller, die diesen Namen propagieren. Überall werden Alpenvereinssektionen gegründet. 1871 wird die Bahnlinie durch das Pustertal in Rekordbauzeit eröffnet. Über 10.000 Arbeiter schuften Sommer wie Winter unter härtesten Bedingungen. Die Großstädte Wien, München, Mailand wachsen enger zusammen. Die Einwohner sind skeptisch, befürchten Schlimmes, warnen vor Brandgefahr, ausgelöst durch die rauchenden Abgase des Zugs. Im Sog dieser großartigen Verkehrserschließungen gelingt es endlich auch der gutbetuchten Masse aus den großen Zentren, innerhalb kürzester Zeit gefahrlos in die engen Täler zu kommen.

Das Reisen wird modern. Adelige verbringen ihre Sommerfrische in den Bergen. Hotels erleben einen ungeahnten Aufschwung und werden zu ersten Bettenburgen. Das idyllische Wildbad Innichen wird

Links: Colfuschg, Hotel Capella um 1900. Sommer wie Winter werden nun die Touristen angelockt. Unten: Das Hotel Ploner in Schluderbach wird zum Ausgangspunkt für die Besteigung der Drei Zinnen. Bauern werden zu heiß begehrten Bergführern. Gröden, Sexten und Cortina sind die Zentren dieser Gilde.

durch Johann Scheiber und später durch seine Tochter Hermine Beckers auf 120 luxuriös ausgestattete Zimmer mit 200 Betten erweitert, noch mehr profitiert aber das neben dem neu errichteten Bahnhof von Toblach erbaute Südbahnhotel vom Touristenstrom. 400 Gäste können untergebracht, 500 Personen im Restaurant verköstigt werden. Und nicht weit davon entfernt, im Höhlensteintal steht schon das nächste Feriendorf: Im Hotel Baur steigt gleichfalls alles ab, was Rang und Namen hat. Der belgische König Albert verbringt jahrelang den Sommer im Schatten der Drei Zinnen, sein Hofstaat übersiedelt gleichfalls mit. Frauen dirigieren mit pionierhafter Hand über viele dieser Großhotels. Das Südbahnhotel wird von Elise Überbacher geführt, die zudem noch ein großes Hotel in Bozen ihr Eigen nennt. Aber auch das Hotel Emma in Niederdorf erlangt durch seine Wirtin Emma Hellenstainer Weltgeltung.

Auf der anderen Seite der Dolomiten ist es der auf griechische Familienbande aufbauende Wiener Theodor Christomannos, der zum Fremdenverkehrspionier schlechthin wird. Sein Hotel am Karersee, sein Hotel Trafoi auf der Straße zum Stilfserjoch erregen überall Aufsehen und Staunen. Es ist eine goldene Zeit in diesen Bergen. Sommerfrischler, Bergsteiger, Abenteurer, aber auch Ruhe Suchende verbringen viele Monate hier. Berühmtheiten lassen sich vom Hochgebirge inspirieren. Gustav Mahler, Hugo von Hofmannsthal, Karl May und viele andere ergötzen sich an der Landschaft, den Menschen, den Bergen.

Und allmählich setzt sich eine neue Modeströmung im Winter durch: Das Skifahren. 1893 kurvt der böhmische Maler und Fotograf Emil Terschak mit seiner Frau Henriette als erster über die Skihänge des Grödentales. Er wandert weiter, nach Cortina, wird auch dort zum Fremdenverkehrspionier. Die Jugend ist in Aufbruchsstimmung, neue Sportgeräte werden eingeführt. Die Rodel, der Bob, das Schlittschuhlaufen. Rennen werden veranstaltet. Und in diese Zeit des allgemeinen Aufschwungs und der ersten Freizeitgesellschaft fällt die nächste Revolution: 1907 wird die Dolomitenstraße fertig gestellt. Zum ersten Mal fahren Autos auf staubigen Straßen über die Berge. Die Bewohner von Buchenstein, Cortina aber auch von Toblach bekämpfen die neuen Verkehrsmittel, fürchten ein Zugrunderichten des Touristenstromes, sie verlangen eine "Höchstgeschwindigkeit von 10 Kilometern". Beklagen sich bitter, dass die "Automobile die Täler nicht durchfahren, sondern rücksichtslos durchrasen und hierbei noch obendrein gegen die gequälte einheimische Bevölkerung herausfordernd auftreten."[1] Eine Eingabe in der k.k. Hauptstadt Wien bleibt erfolglos.

Es ist aber auch eine Zeit der großen einheimischen Bergführer. Sie werden mit ihren Beruf wohlhabend. In Cortina sind es die Barbaria, die Lacedelli, die Dimai und Dibona. In Sexten die Innerkofler mit Sepp Innerkofler als Gallionsfigur und in Gröden die Vinatzer, welche die Touristen auf verwegenen Routen in die Berge führen. Fotografen und Filmleute halten

Bild oben: Um die Jahrhundertwende wird Cortina zu einer Touristenhochburg. Erste Autos fahren über das Pordoijoch. Trotzdem hält die Bevölkerung immer noch an ihren Traditionen fest. Rechts unten: Herz-Jesu-Prozession in Wengen im Jahr 1903.

zum ersten Mal den magischen Augenblick fest, ersetzen mit Detailgenauigkeit das gemalte Bild. Emil Terschak, noch mehr aber Theodor Wundt und Fritz Benesch zeigen der Masse in den Städten die Faszination dieser Berge. 1907 dreht der Engländer Frank Ormeston-Smith einen ersten Film auf dem Drei-Zinnen-Plateau. Alle Zeichen deuten auf einen bisher noch nie gekannten, ewigen Aufschwung hin. Pioniergeist herrscht in den Tälern und in den Städten. Elektrisches Licht hält Einzug, Flugzeuge erobern zögernd den Himmel, technischer Erfindungsgeist bringt nie für möglich gehaltene Neuerungen. Zum ersten Mal lässt sich der Mensch von der Schönheit der Gebirgslandschaft begeistern. Seit 1848 herrscht im österreichisch-ungarischen Reich ein einziger Regent. Die meisten Untertanen des riesigen Reiches kennen nur ihn, Kaiser Franz Josef. Zu einem müden Greis ist er mittlerweile verkommen, militärische Niederlagen gegen Frankreich im Jahr 1859 und Preußen 1866 haben Österreichs Machtansprüche geschwächt. Einige Gruppen im Vielvölkerstaat beginnen aufzubegehren, fordern ihre Unabhängigkeit. Familiäre Schicksalsschläge hatte er mehr wie andere einstecken müssen: Sein Bruder Maximilian wird in Mexiko erschossen, sein Sohn Rudolf begeht 1889 in Mayerling Selbstmord, seine Gattin Elisabeth wird 1898 in Genf ermordet. Dann kommt der schicksalsschwere 28. Juni 1914.

Die ersten Kletterfotos von Fritz Benesch erregen Staunen und Aufsehen. Ab 1895 ist der Wiener in den Bergen unterwegs, um mit schweren Kameras Bilder für Postkarten und Bücher auf die damals übliche Glasplatte zu bannen. Ein Skifahrer um 1900 fährt Richtung Corvara. Innerhalb kürzester Zeit wird das Skifahren zur Mode.

Es konnte nicht anders kommen

Der letzte Tag des Friedens. Am 28. Juni 1914 fahren der österreichisch-ungarische Thronfolger Franz Ferdiand D´Este mit seiner Gemahlin durch Sarajevo.

Der Krieg wäre auf jeden Fall gekommen, die Kriegserklärung lag unterschrieben in der Schublade, man wartete nur auf den Anlass, der einzutreten hatte. Der 28. Juni 1914, ein Sonntag, steht unter keinem guten Stern. Ein Tag wie jeder andere und doch nicht. Der österreichisch-ungarische Thronfolger Erzherzog Franz Ferdinand und seine Gattin Herzogin Sophie besuchen Sarajevo. Serbien gilt als Unruheherd, wie zur Provokation ist der große Tross angereist. Eine erste Warnung geht noch glimpflich aus. Eine Bombe wird gegen das Auto des Erzherzogs geschleudert, leicht verletzt werden Oberstleutnant Merizzi und Graf Boos-Waldeck. Erzherzog Franz Ferdinand lässt sich nicht beeindrucken, das Gefolge begibt sich ins Rathaus, wo die Gemeinderäte und Bürgermeister Dr. Sunaric sie schon erwarten. Der Bürgermeister will mit seiner Begrüßungsrede beginnen, da fährt Erzherzog Franz Ferdinand mit scharfem Ton dazwischen: „Da kommt man nach Sarajevo, um einen Besuch zu machen und man wirft auf einen Bomben. Das ist empörend." Dann geht das normale Protokoll weiter. In festlicher Fahrt fahren sie durch die Stadt. Dort wartet schon der Gymnasiast Gavrilo Princip mit einer Browning. Er gibt die tödlichen Schüsse ab, die den Ersten Weltkrieg auslösen sollen, Jahrhunderte alte politische Mächte dahinfegen und zu einem neuen Zeitalter führen werden. Österreich-Ungarn, der Vielvölkerstaat, wird zerschlagen, genauso Deutschland. Zu Beginn fasst der alte Kaiser Franz-Joseph seinen Kriegsaufruf „An meine Völker" noch in elf Sprachen ab. Am Ende bleiben acht Millionen Gefallene, 20 Millionen Verwundete und genauso viele menschliche Tragödien übrig.

Der bosnisch-serbische Gavrilo Princip wird verhaftet und nur knapp vor der Lynchjustiz gerettet. Nach und nach stellt sich heraus, dass hohe Militärs und Persönlichkeiten ihn stützten und ihm die Waffen besorgt hatten.

Tausend Teufel tollen durch die Luft

Diese Fotos aus dem Archiv von Professor Hannsjörg Ubl aus Dietenheim bei Bruneck sind nicht imstande eine lückenlose Chronik des Krieges im Osten darzustellen, sondern wurden aus Hunderten ausgewählt, um die Grauen, Gräuel und Grässlichkeiten gerafft zu dokumentieren. Als einzigartige Zeugnisse sollen sie dazu dienen, uns wachzurütteln.

Es war ein hoffnungsvoller Abschied. Man wollte es den "bösen Völkern" zeigen, bald wieder zurück sein, den Glanz und die Glorie des Kaiserreiches noch Jahrhunderte lang aufrecht erhalten.

Partei zu ergreifen, für irgendjemand steht uns heute nicht zu. Jeder Krieg ist für die eigene Seite immer gerecht und von Gott unterstützt, während das Böse beim Feind liegt. Jedes Ereignis, von Befehlshabern am Tisch erdacht, baut auf Einzelschicksale, die immer verschieden sind. Ein gefallener russischer Soldat bei Piscul.

Kameraden, auf in den Tod!

Wie soll man die Schrecken des Krieges, der fast ein Jahrhundert zurückliegt neu beschreiben und neu bewerten? Auf wenigen Seiten darstellen, wie die Menschen verheizt und in den Tod gehetzt wurden? Dies soll durch Bilder geschehen, die an Brutalität und Deutlichkeit alles aussagen und durch eine Sprache, die in wenigen Sätzen erschüttert und aufwühlt. Als kurzes Abenteuer und Strafaktion war dieser Krieg gedacht, so zog man los, um die von "Gott" unterstützte Überlegenheit der eigenen Truppen sich anzuerkennen lassen. Wie Gott Vater wendet sich deshalb der alte Kaiser Franz Josef an seine Untertanen. "Ich habe alles geprüft und erwogen." und weiter "Ich vertraue auf den Allmächtigen." Er war kein kriegslüsterner Kriegsherr, die Rechte, die er seinen so unterschiedlichen und vielfältigen Volksgruppen gegeben hatte, waren für die damalige Zeit weit reichend. Aber Europa wollte den Krieg, und so stand der greise Kaiser schlimmer als Pontius Pilatus da.

Im Sommer 1914 bricht man zum „Krieg spielen" auf und ist nicht einmal unglücklich dabei. Als kurze „Wirtshausrauferei", tut man alles ab, das Feindbild muss erst richtig gesucht werden. Serbien wolle man für den infamen Mord von Sarajevo bestrafen, den Russen es einmal richtig zeigen. Doch schon bald zeigt sich blanke Angst vor einer ungewissen Zukunft. Bauer Giovanni Zontini aus Storo bei Trient schreibt es bei seiner Einrückung vielsagend nieder: „Der Zug war mit Blumen, Laub und Fah-

Wie im Mittelalter mit Säbeln und Geschrei zogen diese Ulanen, Teil der österreichischen Vorhut, gegen den Feind. Und wurden von den neu erfundenen Maschinengewehren zu hunderten niedergemäht.

Fernab der Heimat warteten andere Landschaften als die vertrauten, mit ihren Tücken und Hindernissen. Ein Munitionstransport bleibt im dicken Morast stecken. Kräfte zehrende Leistungen müssen vollbracht werden, um den dringend benötigten Nachschub an die Frontlinie zu bringen

Tiroler Landeschützen haben sich bei Diszkovica Erdhöhlen gebaut. Schnell wird jedem der Ernst des Krieges klar. Schlechter als Hunde behandelt, zerfressen vom Ungeziefer, in das feindliche Feuer geworfen von karrieregeilen Offizieren wird jeder Tag zu einem Kampf ums Überleben.

nen geschmückt, aber die Gedanken waren ernst, der Tod schien nicht weit entfernt zu sein. Die Lieder waren traurig, traurig wie die Vögel auf dem Schnee.“[2]

Tirols Stolz waren die Kaiserjäger, einer fast babylonischen Sprachvielfalt angehörend. 35-40 % waren italienischsprachig, einige Prozente waren Ladiner, den Rest bildeten Deutsch sprechende in vielerlei Nuancen und Standesunterschieden. Die Kaiser-Jäger bildeten die Elite dieses Berglandes, rekrutiert aus der Blüte der “Landeskinder”. Neues hatte man eingeführt, Lehren aus Kriegen der Vergangenheit gezogen. Man ging weg vom mittelalterlichen System der reinen Landesverteidigung, erkannte in der “Sicherung des Ganzen” einen wirksamen Beitrag zum Schutz des „heiligen Landes Tirol“. In der Kriegstechnik war man mit Riesenschritten weitergeeilt, man hatte verbessert und aufgerüstet. Neue Waffen ließen das alte napoleonische Losmarschieren in gestaffelten Reihen bis hin zum Nahkampf mit Bajonett und Messer zur tödlichen Lächerlichkeit verkommen. Unbesiegbar wollte man sein, in dem man sich im Gelände vorwärts robbte, Staub und Schlamm schluckend. Und am Anfang, im August 1914 standen alle Anzeichen auf Erfolg. Die Kriegsbegeisterung in Tirol war groß, den göttlichen Auftrag zu erfüllen fühlte man sich gerüstet, und zurückkommen wollte man rechtzeitig zur nächsten Ernte.

In Galizien, fern der Heimat zerbrach aber schon in den letzten Augusttagen der Stolz Tirols an einem Feind, der strategisch und taktisch die Kriegskunst weiterentwickelt hatte. Die vier Tiroler Regimenter verloren allein in den ersten sechs Kriegswochen Schrecken erregende 9.700 Mann. Fast zwei Drittel, in der Blüte des Schaffens stehend, waren grauenvoll geopfert und verloren. Ein Schock, der sich nicht weiter verheimlichen ließ und das “lustige Kriegführen” zum tödlichen Ernst werden ließ.

Mit ihren auffallenden, hechtgrauen Uniformen stürmten die Tiroler Kaiserjäger in dichten Reihen eng gestaffelt wie die Lemminge in die zum ersten Mal massiv eingesetzten russischen Maschinengewehren. Das Maschinengewehr sollte den Ersten Weltkrieg revolutionieren. Wie die Sense mähte es durch die Reihen der Anstürmenden. Ganz Österreich-Ungarn musste im Sommer 1914 Trauer tragen und Tränen vergießen. 200.000 Mann wurden getötet oder verwundet, weitere 100.000 Soldaten gerieten in die grausame russische Gefangenschaft.

Die Tiroler Kaiserjäger-Regimenter wurden zum Spielball. Verheizt und aufgefüllt, um wieder verheizt zu werden. Bis zur Vernichtung. Die Erinnerung an Andreas Hofer wurde verdrängt durch den Krieg des Namenlosen. Der Nummern. Dem Heldentum, aufbauend auf die glorreiche Tat eines Einzelnen wurde ein Ende gesetzt. Wie Schweine wurden Menschen geschlachtet.

Und in das Gott und dem Kaiser ergebene Tirol drang Horrorkunde. “... da hab ich Schreckliches gesehen; Soldaten denen das Gesicht zerfetzt war, andere, denen die Gedärme vom offenen Bauch heraushingen” teilte ein durch die Schrecken des Krieges dem Wahn verfallener und nach Hause geschickter Kaiserschütze seinen Landsleuten mit. Und er schrieb weiter. “... was in einem Dorf in der Nacht in einem Bauernhaus schweinische Soldaten mit Frauen und Mädchen, die sich nicht erwehrt, Grausiges getrieben haben, ...”[3]

Fern der Heimat, an unaussprechlichen Orten wie Przemysl, Limanova-Lapanow, bei Grodek, bei Gorlice-Tarnow wurden die von Mystik und Stolz verklärten Bergler niedergemäht. Von den Gräueln muss

Zu Tausenden werden sie in notdürftig errichtete Lager, (Bild ganz oben in Serbien) gepfercht. Makaber stellt sich im nachhinein manch an Don Quichotte erinnernde Kriegslist heraus. Der Schimmel wird braun gestrichen, um im Kampfgetümmel weniger aufzufallen. Das Vieh wurde, wie in jedem Krieg, den ohnehin armen Bauern des Ostens weg genommen, um damit die eigenen Truppen zu versorgen.

Die Schlacht von Drosdovice ist geschlagen. Nach den Menschen, werden auch noch die ekelhaft riechenden Tierkadaver aus Angst vor Seuchen in schnell ausgehobenen Erdgruben begraben.

Verwundete und kranke Soldaten warten in Drosdovice auf ärztliche Hilfe, während ein Feldpater ihnen die Beichte abnimmt. Viele wurden von Seuchen dahingerafft.

man sprechen, um damit das "heitere Kriegführen" und "klinisch reine Schlachten" zukünftiger Generationen vermeiden zu helfen. Auch auf die Gefahr hin Voyeurismus heraufzubeschwören.

Der Erste Weltkrieg hat alle bisherigen Kriege vom Beginn der Menschheit über die römischen Schlachten bis hin zu den dreißig- und hundertjährigen Kriegen zum Unvergleichbaren gewandelt. Er hat das Abschaumhafte der Menschheit hervorgekehrt. Er hat aufgezeigt, dass ab nun ein Menschenleben einem Viehleben gleichzusetzen ist. Die Menschen wurden in vielfältigster Art und Weise hingemetzelt. Weniger durch gezielte Schüsse aus Feindeshand. Mehr durch Krankheiten, wie Ruhr und Typhus, Naturgewalten, wie Lawinen und Steinschlag, noch mehr durch rücksichtslose Befehls- und Strafgewalt. Wenn vorne die feindlichen Maschinengewehre in die Voranstürmenden ratterten standen hinten die Pistolen der eigenen Offiziere die den Duckmäusern, Deserteuren oder Angsthasen genauso nachfeuerten.

In diesem Krieg wurden die Tiroler Regimenter, mehr heimatverbunden, mehr hörigkeitsergeben als andere aus dem großen Kaiserreich in ihrem Innersten getroffen. Fern der Heimat mussten sie zumeist im Flachland, weg von ihren hohen Bergen einen Kampf um ein Land führen, das gleich weg von ihrem Horizont war, wie die Wüste vom Meer. Ihr bedingungsloses Treuegefühl hatte einen Dolchstoß erlitten. Ergeben und hörig den Mächtigeren gegenüber waren sie immer gewesen, weil sie blind daran glaubten, dass diese Allwissenden schon das richtige für ihr Land Tirol tun würden. Und nun hetzte man sie in den Tod und in die Gefangenschaft.

Der österreichische Landsturmoffizier Bruno Prochaska, schreibt in seinen Erinnerungen, in welch gemarterten Zustand ein noch Wochen zuvor so hoffnungsvoll gestartetes Kaiserjägerregiment an der Stadt Przemysl in Galizien vorbei zurückflutete.

Grodek

Am Abend tönen die herbstlichen Wälder
Von tödlichen Waffen, die goldenen Ebenen
Und blauen Seen, darüber die Sonne
Düstrer dahinrollt: umfängt die Nacht
Sterbende Krieger, die wilde Klage
Ihrer zerbrochenen Münder.
Doch stille sammelt im Weidengrund
Rotes Gewölk, darin ein zürnender Gott wohnt
Das vergossene Blut sich, mondne Kühle;
Alle Straßen münden in schwarze Verwesung.
Unter goldnem Gezweig der Nacht und Sternen
Es schwankt der Schwester Schatten durch den schweigenden Hain,
zu grüßen die Geister der Helden, die blutenden Häupter;
und leise tönen im Rohr die dunklen Flöten des Herbstes.
O stolzere Trauer! Ihr ehernen Altäre,
Die heiße Flamme des Geistes nährt heute ein gewaltiger Schmerz,
die ungebornen Enkel.

Eines der letzten Bilder von Leutnant Georg Trakl 1914. Wie die meisten seiner Landsleute wurde er am Beginn des Krieges zu den Waffen gerufen.

Kaum ein Gedicht zeigt die Grauen des Ersten Weltkrieges eindrucksvoller und mit schwermütigerer Wortgewalt als „Grodek“. Georg Trakl, 1887 in Salzburg geboren, schrieb es kurz vor seinem Tod. Allein auf sich gestellt, sollte er in Galizien während der Schlacht um Grodek neunzig Schwerverwundtete in einer dreckigen und kümmerlichen Scheune versorgen. Er hört das Stöhnen der Gepeinigten, ihr Bitten, er möge ihrer Qual doch ein Ende bereiten.
Seinem Freund Ludwig von Ficker, Herausgeber der Literaturzeitschrift „Der Brenner“, teilt er im Garnisonsspital Krakau seinen selbstmörderischen Leidensweg mit. „.... eine schwache Detonation erfolgt: Einer mit einem Blasenschuß hatte sich eine Kugel durch den Kopf gejagt und unversehens klebten blutige Gehirnpartikel an der Wand.“10 Trakl flüchtet ins Freie. „Da standen nämlich auf dem Platz, der wirr belebt und dann wieder wie ausgekehrt schien, Bäume. Eine Gruppe unheimlich regungslos beisammenstehender Bäume, an deren jedem ein Gehenkter baumelte.“ Man teilt ihm mit, dass der Letzte sich freiwillig und selbst die Schlinge um den Hals gelegt und ins Seil hineingestürzt sei. Im Angesicht dieses Grauens versucht Trakl sich selbst zu erschießen. Es misslingt, Kameraden vereiteln dies. Er wird in Krakau in eine Zelle mit einem geistesgestörten Offizier eingesperrt. Beide sollen auf ihren Geisteszustand untersucht werden. In der Nacht vom 3. auf den 4. November 1914 stirbt Georg Trakl an einer Überdosis Kokain. Freiwillig oder ungewollt, das kann nie ermittelt werden. Was bleibt sind Gedichte der Trostlosigkeit und einem Ich, das in der Gegenwart keinen Ausweg mehr sieht.

Er sah „... einen trüben Zug von Bettlern durch den Kot der Straße schleichen. Nein, nicht wie Bettler, wie Tote sahen sie aus, die diesen grauenvollen Zug bildeten. Die Soldaten waren koptbedeckt, die Farben der Uniformen kaum zu erkennen. Viele ohne Kappe, ohne Waffen, schmutzige blutbefleckte Binden am Kopf und arm. Die Gesichter bleich, hohlwangig, von wilden Bartstoppeln bedeckt. Es bestanden noch irgendwelche Formationen, doch manche Gruppe war so unwahrscheinlich klein."[4] Die nach Siegesnachrichten hechelnden österreichisch-ungarischen Medien berauschten sich noch an Hauptmann Rudolf Kulka vom Landesschützenregiment Innsbruck, der in einem Handstreich die nahe gelegene und wichtige Magiera-Höhe genommen hatte. Während der forsche Hauptmann nicht müde wird zu betonen, dass wo bisher „... die feindlichen Geschütze donnerten, schrillen und klingen jetzt die wilden Jodler "[5] erblickt Landsturmoffizier Bruno Prochaska unendlich Grauenvolleres. „Alles verloren! Die wenigen aktiven Offiziere unserer Regiments forschten gespannt nach bekannten Kameraden. Unser Major war zeitlebens bei den Kaiserjägern in Tirol gewesen. Er konnte es nicht erwarten seine Tiroler wiederzusehen. Und endlich kamen sie...... Er stürzte auf ihn zu, packte ihn bei der Hand. Einen Augenblick lang hielt der Reiter an. „Grüß Dich Gott, alter Freund, wo ist der ... und der ... und der...?" „Tot, tot ... im Sumpf erstickt... Dieser kleine Zug ist alles, was vom Regiment noch übrig ist....... Dann zogen sie vorüber, Tage und Nächte lang, schmutzstarrende Kanonen, lahme Pferde, leere Küchen, fluchende Proviantoffiziere, apathische Kutscher, Peitschengeknall und stöhnendes Wagengerassel. Alles vorüber! Und dann wurde es still."[6]

Still wurde es schnell, sehr schnell. „Es bestätigt sich die frohe Kunde und klingt weiter durch Österreich-Ungarn, von einem Ende bis zum anderen, klingt zurück bis zu ihrer Tiroler Heimat." Ereiferte sich die Presse und ließ diese stolzen Sätze tausendfach erschallen, um eine Tragödie zu überdecken.

Przemysl wurde zum Höllengrab für die österreichisch-ungarische Monarchie. 9 Generäle, 93 Stabsoffiziere, 2.500 Unteroffiziere und Militärbeamte, 117.000 Mann wurden eingekesselt und mussten sich ergeben. „Sie waren tapfer und standhaft bis zum letzten Ende" telegraphiert am 20. März 1915 ein, dem Tode immer näher kommender, zerstörter Kaiser Franz Josef dem Kommandanten General-Oberst von Kusmanek Stunden vor seiner Kapitulation, und nimmt ehrenhaft damit die Schuld für dieses Versagen auf sich.

Doch was nun kommen sollte, und nicht nur bei Przemysl war erst der Anfang. Als die polnische Delegierte Frau A. N. Dzibinska russische Gefangenenlager besucht, findet sie kaum Worte für die Zustände unter denen die österreichischen Gefangenen hausen müssen. Ihr graut wie sie „... mit ausgeronnenen Augen, durch Erfrieren abgefallenen Fingern, mit Rippen, die infolge der auf die Körper niedergestürzten Bäume gebrochen waren; alle auf nackten Pritschen, viele ohne Wäsche, nur in Mänteln; die Hemden gingen auf Bandagen für die Wunden auf."[7] Als diese Armen diese Abordnung sehen „...klammern sie sich an die Kleider der Delegierten, wimmern, weinen, flehen um Rettung, und ihr Aussehen ist entsetzlich; sie liegen wie Gespenster, schwarz unterlaufen, abgemagert, zahnlos, abgefallen von den Fleischpartien infolge Skorbut und Brand." Doch der russische Aufseher antwortet bloß mit der Achsel zuckend, „dass es seiner Meinung nach den Gefangenen auf dieser Strecke gute gehe und es ihnen höchstens an geistiger Nahrung fehle."

Ob russische Gefangene in Sandec (oben links) oder Krasnik (oben rechts), serbische bei Mitrovica, (unten) - sehr oft bedeutete die Gefangenschaft bloß einen langen Gang in ein qualvolles Sterben. Die Bilder geben ein eindrucksvolles Bild der Angst dieser Menschen vor der Zukunft. In Lumpen gehüllt, bei kältesten Temperaturen im Freien stehend, blieb diese Kleidung die einzige, sehr oft bis nach Kriegsende.

Dies alles lässt sich nicht mehr verheimlichen, auch in den Tiroler Bergen nicht. Zu vieles spricht gegen die Siegmeldungen und Durchhalteparolen. Zu sehr kommen verschlüsselte Botschaften und Nachrichten. Wenn auch der russische Sanitätsdelegierte P. M. Gladinsch in vermeintlich geheimer Dumasitzung einen Bericht über die Typhusbaracken in Tozkoje verliest – das Unglaubliche tritt unaufhaltbar und schnell ans Licht der Öffentlichkeit. 17.000 Soldaten hatte man dort in die von Typhus verseuchten Baracken auf engstem Raum eingesperrt. „Die fiebernden Kranken liegen dort auf nackten Pritschen, ohne Stroh, durch Schwärme von Ungeziefer bei lebendigem Leibe aufgefressen! In Schmerzen sich windend, und bewusstlos drücken sie ihre Köpfe an das nackte Holz; die schmutzige Kleidung und Wäsche, dieselbe, in der sie gefangen genommen wurden und die sie seit jener Zeit kein einziges Mal vom Leib nahmen, hängt ihnen in Fetzen vom Leibe. So liegen sie bis sie sterben... Ihre Körper sind rot von Wunden. Infolge des Mangels an Aborten kriechen jene Fieberkranken, die sich noch bewegen können auf allen vieren aus den Baracken, während die anderen, die sich nicht mehr rühren können, auf ihren eigenen Exkrementen liegen, die gleichzeitig von den oberen auf die unteren Pritschen herabfließen."[8]
Es sind Botschaften der Erschütterung, nahe am tierischem Verhalten, das uns heute noch schockiert und nicht vorenthalten werden soll. „Augenzeugen erzählen, dass das Stöhnen, Schreien und Röcheln der Sterbenden sich zu einem schrecklichen Akkord unmenschlicher Laute sich vereinigte, von welchem die bei Bewusstsein befindlichen Kranken in Wahnsinn verfielen! Trinkwasser ist in den Barackenüberhaupt nicht vorhanden, wer kann, geht zur Tür hinaus und löscht seinen Durst mit einer Handvoll des durch Fäkalien beschmutzten Schnees .... Die Leichen der Verstorbenen werden in einen Holzschuppen gebracht, dort auf einen Haufen gelegt und, da man täglich nur eine unbedeutende Anzahl bestattet, sammelt sich ein ganzer Berg von Leichen an, der an 1500 heranreicht."
Wenige Wochen haben ausgereicht, um den Krieg im Osten, aber nicht nur dort, zum einem unmenschlichen Crescendo auf allen Seiten verkommen zu lassen, wo Worte nur sanft die Wirklichkeit streifen. In Tirols Dörfern träumten die Mütter und Väter, ihre Söhne möchten heil nach Hause kommen, und die Söhne bettelten derweil oft um den erlösenden Tod.
Die Schwedin Elsa Brandström, der Engel von Sibirien, schaffte genauso nur einen Tropfen auf den heißen Stein der Leidenden. Auch nicht A. N. Dzibinska, die polnische Delegierte.
„Ein Aufseher erzählte, dass er im Walde fortwährend mit der Ergreifung und Zurückführung der Gefangenen beschäftigt war, und wie einer von ihnen, als ihn der Aufseher führte, vor ihm auf die Knie stürzte und ihn bat, ihm einen Revolver zu geben oder ihn selbst zu töten! Hierauf warf sich der Gefangenen in einen Teich und ertrank." Ganz im Gegenteil. Das Letzte versuchte man mit eigens gedungenen Folter- und Prügelknechten aus diesen Armseligen herauszuholen „welche die Gefangenen durch Schläge und Foltern verschiedener Art selbst dann zur Arbeit rieben, wenn sie gepeinigt zu Boden fielen. Sogar die Geistesumnachteten, Kranken und Verstümmelten mussten durch ihre eigenen Kameraden zur Arbeit getrieben werden, statt in den Baracken den herbeigesehnten Tod zu finden! Sehr viele, die den Anblick der Martern ihrer Kameraden nicht mehr ertragen konnten, nahmen sich das Leben." Denn zumeist

Gefangen!

Kaum jemand hat in kürzeren und aufwühlenderem Text seine Gedanken vom Beginn seines Kriegseinsatzes bis zum bitteren Ende niedergeschrieben, als der Tiroler Kaiserjäger Franz Obergottsberger. Es ist der Text eines Verkannten, an dem die Geschichte des Ruhms spurlos vorübergegangen ist. Nichtsdestotrotz sind diese Zeilen höchste Ausdruckskunst im Erkennen des allumfassenden Schreckens. Für den Kaiserjäger ist es jener Tag, der für ihn zur Unendlichkeit wird, der 31. August 1916. Die Offensive des Generals Brussilow bei Slota Gora. Die Tagebuchnotiz ist erschütternd und literarisch aufrüttelnd und fiel trotzdem der unverdienten Vergessenheit anheim.

„Tausend Teufel tollen durch die Luft. Sie reiten auf heulenden Rossen und Mäher Tod hält grimmige Mahden. Hochauf steigen die Opfersäulen der Erde, die stöhnt und zittert und seufzend trinkt das Blut ihrer Kinder. – Wahnsinn und Schrecken hocken im Graben und gierig lauert Verderben. Tierisch brüllt der Endschrei des Einen, im Weinen versickert der letzte Seufzer des Andern: „Mutter!" Gehirn düngt die Erde und zerfetzte Leiber. Ein Chaos wirbelt empor: Erde, Gas, Eisentrümmer, zuckendes Fleisch und warmes Blut, Rauch und Nebel!? Zu Boden gepreßt noch lebende Leiber und Erde, getürmt über sie, wuchtet auf ihnen.
Lebendig begraben! Zuckend vereint sich letzte Kraft und langsam heben sich Schollen und wölben sich zu sich dehnenden, spannenden Rücken. Jäh aber brechen diese Rücken zusammen und im Stöhnen verrinnen die Leben. Grauen umlagert mich Einzig-Einem, der halb in Erde gebettet, halb im Sonnenlicht wartet, wartet .... Erlöse Tod und kürze die Schauer! Aufschlag´ ich die Augen zur Sonnenglast, die über dem Elend in Reinheit erschienen. Bilder der Heimat steigen herauf. Wunde Wehmut brennt in der jungen Seele ... Niemals wieder?! Verhuschend verscheiden Heimat, Liebe und Leben im wütend tollenden Tosen, im hilflosen Warten aufs Ende.... Stunde des Schreckens reiht unbarmherzig der kreisende Zeiger an Stunde des Schreckens ... Aus rauchgeschwärzten Gesichtern blickt plötzlich Rettung. Freude springt in Kaskaden auf die schreckenerstarrten Nerven und rüttelt und schüttelt an den Pforten des Hirnes. Wehrlos durchjagen Beben den Körper, vergebens das Mühen um Worte des Dankes. Willenlos, waffenlos ziehen die Retter mich weiter .... Bajonette starren. „Ruki gore!" Fremde Laute, fremde Hände. Mühsam geht der Weg nach Osten. Gefangen! Um dieses eine Wort kreisen fassungslos die Gedanken ... Und im Westen versinkt die Heimat hinter Slota gora, hinter der Höhe des Grauens."11
Franz Obergottsberger überlebte die Kriegsgefangenschaft, kehrte heim, verschwand in der Versenkung.

Gerade das namenlose Sterben trat mit grauenhafter Gewalt im Osten zutage.

Sommer 1915, Kalinogdow in Russland. Endstation für das Leben dieses unbekannten Soldaten. Teile der Kleidung, sowie die Schuhe wurden ihm bei diesem Volltreffer vom Leib gerissen, der Körper grausam entstellt.

überlebten von Tausenden nur eine handvoll.

„Es sind dies halb wahnsinnige Gespenster; an Stelle von Händen und Füßen ragen schwarze Knochen.... Sie bekommen elendes Essen, an den Festtagen faule Fische, deren Genuß Krankheiten hervorruft, weshalb sie überhaupt nicht Essen und Hunger leiden."

Denn der Tod konnte jeden Tag kommen und dazu unverhofft. Der gefangene Ignaz Steiner vom Tiroler Kaiserjäger-Regiment wird zusammen mit anderen 15 Musikern in Chabarosk erschossen. Er hatte geglaubt sich in dieser russischen Stadt durch Musizieren beliebt zu machen. Einige Zeit geht alles leidlich vonstatten, die Bürger honorieren das flotte Spiel der Musikkapelle, bis Neider auf sie aufmerksam werden. Der Tiroler Feldkurat Emil Boscarolli, selbst in Gefangenschaft geraten, beschreibt die letzten Stunden der Musiker. „Hier begann der eigentliche Kreuzweg. Wie Tiere wurden sie durch die Stadt gehetzt. Wer jemals Gelegenheit hatte, die furchtbare Rachgier der Kosaken an Wehrlosen kennenzulernen, weiß in welch blutiger Hast die unglücklichen Opfer ihrem Verderben entgegengejagt wurden!"[9] Ein „Kriegsgericht tritt zusammen; nichtssagend und blutgierig; es richtet die Musiker zum Tode. „Drunten zogen die Fluten des grauen Stromes; der Blick ging weit hinaus – Dann hoben sich die Gewehre und die Salve krachte; rücklings stürzten die Getroffenen über den Felsen in die Tiefe."

Ein Menschenleben zählte nichts. Nicht einmal vor dem Feldkuraten machte der Terror halt. Er wurde in Einzelhaft genommen. „Sie kündigten mir ganz trocken mein mutmaßliches Schicksal an. Damit ich nicht missverstehe, zeigten sie mir auch, wie man es mit mir zu machen gedenke. Es ist ja schließlich keine Kunst.... einem anderen mitzuteilen, wie er aufgehängt werden wird." Durch Zufall überlebt er und kehrt als gezeichneter Mensch wieder heim. Um seine Erinnerungen nieder zu schreiben.

Den Namenlosen

Albin Egger-Lienz, 1868 in Striebach in Osttirol geboren, meldet sich - schon 46jährig - bei Ausbruch des Krieges freiwillig und euphorisch zum Kriegseinsatz. Am 22. Mai 1915 zieht er mit den Bozner Standschützen zur Front. Er gilt als einer der anerkanntesten Maler des Alpenraums und verarbeitet alsbald bei seinen ersten Einsätzen das Kriegsgeschehen.

Anfangs noch schreiten seine Figuren heroisch dahin, vermitteln die Ausstrahlung der Sieger. „Helden" nennt er eines dieser Bilder aus der Anfangszeit. Egger-Lienz wäre als normaler Kriegsmaler in die Geschichte eingegangen, hätte ihn nicht der Krieg alsbald tiefgründig zu prägen begonnen. Die erschütternden Schilderungen des unabwendbaren Hinwegsterbens, die neuen Massenvernichtungswaffen, die Gräuel der Schlachtfelder mit ihren Flammenwerfern beschäftigen ihn. Er bricht alsbald mit den alten Vorbildern der heroischen Schlachtentradition, er sucht neue Darstellungsformen, die unter die Haut fahren. 1916 malt er zur Krönung ein Monumentalgemälde. Er widmet es all „Den Namenlosen". Der Weltkrieg ist noch nicht zu Ende, da wendet sich Albin Egger-Lienz, am 24. Juni 1918 von Bozen aus, an den Direktor des Heeresmuseums in Wien Dr. Wilhelm John, er möge sein „reifstes, zweifellos bestes Werk" kaufen, damit es nicht im Privatbesitz verschwinde. Jenes Werk, das schon zum Symbolbild dieses Krieges geworden war. Jenes Werk, in dem das Millionenheer der stumpf und wie sinnlos dahin schreitenden Soldaten

wie in keinem anderen zum Ausdruck kommt. In dem trotzdem jedem einzelnen, tief geduckten und gedrungenen Soldaten, so als wolle er damit dem gegnerischen Feuer entkommen, die Angst und der Horror anzusehen ist.

Der Direktor kommt nicht umhin, als es abzulehnen. Um es dann doch 1936, zehn Jahre nach dem Tod von Albin Egger-Lienz, von der Witwe zu erwerben.

"Den Namenlosen" widmet Albin Egger-Lienz dieses Gemälde, das sich unter jene Symbolbilder reiht, die über die Zeit Bestand haben, wie "Guernica" von Pablo Picasso. Auch die "Tiroler im Feuerkampf" (oben) zeigt ähnlich die Wucht der dahin schreitenden Masse auf.

Die Willkür macht weder vor Frauen, noch vor Männern halt. Hingerichtet, an den Galgen gehängt, erschossen wurden sie aus den nichtigsten Gründen. Ob serbische „Komitadschi“ - besonders berüchtigte Freischärler (unten) - oder Russen, denen man Zusammenarbeit mit den Feinden vorwarf (oben), die grauenvollen Bilder können nur Zeugnis des Vorgefallenen und nicht der Gerechtigkeit geben.

Weitere Bilder des Krieges aus der Sammlung Hannsjörg Ubl. Oben eine verlassene und zerschossene montenegrinische Position, unten ein dem Erdboden gleich gemachtes Dorf in Galizien. Es sind alles Schnappschüsse, ausgewählt unter tausenden, die in ihrer Dramatik den Krieg in seiner Gesamtheit zu charakterisieren versuchen. Neben den Aufzeichnungen der Soldaten soll auch durch die Bilder ausgedrückt werden, welch tiefen Einschnitt dieser Krieg brachte.

Schlachtfeld bei Parkascovice. Der Kampf ist geschlagen, zurück bleiben die Toten. Ein Feldkurat liest die Feldmesse für die Gefallenen. Nie war die Zurückbesinnung an Gott ausgeprägter als zu Kriegszeiten. Wo die Ärzte versagten, die Helfer nicht ankamen, die Versorgung nicht ausreichend war, blieb die Hoffnung an ein besseres und gerechteres Leben im Jenseits.

Dezember 1914. Schlacht um Limanova in Galizien. In gewöhnlichen Feldplanen schleppen die österreichisch-ungarischen Soldaten ihre Toten daher, um sie zu bestatten. Es war die Ausnahme. Sehr oft blieben die Toten liegen und wurden eine Beute der Tiere.

Auf einer Wiese werden in das harte Erdreich Gräber geschaufelt und ein einfaches Holzkreuz aufgestellt, das schon beim nächsten Gefecht zerstört werden kann. Noch kämpft man im Osten, doch immer mehr verdichten sich die Anzeichen, dass das bisher neutrale Italien in den Krieg eingreifen werde. Im Mai 1915 wird diese Front Wirklichkeit und viele der aus den Bergen Tirols in Russland eingesetzten Soldaten werden zurückgeschickt, um dort die eigene Heimat zu verteidigen. Ein Ziel, das allemal begehrenswerter erschien, als in den unendlichen Weiten des Ostens sein Leben zu lassen.

Heute tummeln sich Tausende von Touristen an den Orten, wo Tausende starben. Gedankenlos wandert so mancher über die Schlachtfelder des Ersten Weltkrieges. Und trotzdem hat dieser Krieg noch immer die Macht, viele in seinen Bann zu ziehen. Letzte Reste eines Stacheldrahtverhaues wurden von unbekannter Hand zu

Berge wurden Burgen

einem Kreuz umgeformt. Vielleicht wollte jemand an die vielen Opfer in der herrlichen Bergwelt am Monte Piano erinnern. Im Hintergrund die weltberühmten Drei Zinnen, die heute selten mit Krieg in Verbindung gesetzt werden.

Ein Bild, das mehr als viele andere symbolisch ist für den Krieg in den Bergen. Durch dichtes Schneetreiben werden in Sexten zwei tote Soldaten mit einem Holzschlitten ins Tal gebracht. Einige Soldaten im Hintergrund verharren im letzten Gruß. Wir wissen heute nicht mehr, wer sie waren, noch unter welchen Um-

ständen sie zu Tode kamen. Jedes Foto erzählt eine Geschichte, handelt von menschlichen Eitelkeiten und Wahn, kleinen Augenblicken der Glückseligkeit und Sehnsucht nach Frieden. Dies alles hat sich tief in unser Urwissen eingeprägt.

Der angekündigte Krieg

Der Krieg in den Dolomiten brach aus, auch wenn es ihn nicht hätte geben dürfen. Durch den Dreibund, war Italien seit 1882 mit Österreich-Ungarn und Deutschland verbündet. Allerdings gehörten italienischsprachige Teile wie Trient, Julisch-Venetien und Triest zum Habsburgerreich und wurden zum Zankapfel. Italien fühlte sich gleichfalls brüskiert, dass Österreich-Ungarn gegen Serbien ein Kriegsultimatum stellte, ohne die aufstrebende Nation davon in Kenntnis zu setzen. Das allerdings wäre nie und nimmer ein Grund gewesen, dass Italien dem k. k. Kaiserreich den Krieg erklären hätte müssen. Das Säbelrasseln lag in der Luft, der Krieg musste kommen, weil er kommen musste. Weil Italien sich Gebietsgewinne in jenen Teilen versprach, wo italienisch gesprochen wurde und Österreich-Ungarn nur zögerlich darauf eingehen wollte.

Ab dem Herbst 1914 beginnt das noch neutral sich erklärende Italien sowohl mit Österreich-Ungarn als auch auf der anderen Seite mit der Entente Verhandlungen über die geliebäugelten Gebiete zu führen. Es wird umworben wie eine Braut: Russland, England und Frankreich erklären sich bereit, die italienisch sprechenden Gebiete Italien zuzugestehen, Österreich-Ungarn ziert sich. Trotzdem überwiegt immer noch die Zahl jener Italiener, die eine Neutralität bevorzugen. Giovanni Giolitti, einflussreich und mächtig, als langjähriger Ministerpräsident kämpft mit allen Mitteln darum, Italien aus dem Krieg herauszuhalten, doch am Ende fällt die Entscheidung für den Krieg auf Seiten der Entente. Am 4. Mai kündigt Italien den Dreibund, am 23. Mai erklärt es Österreich-Ungarn den Krieg. Am 24. Mai 1915 überschreiten die ersten Truppen den Isonzo, unvorbereitet, schlecht ausgerüstet und kaum organisiert. Der italienische Generalstabschef Luigi Cadorna konzentriert dort seine Hauptkräfte, angelockt von der Nähe zu Wien. Doch nicht nur das: Auf allen Fronten versuchen die italienischen Truppen im Angesicht ei-

Eines der ersten Gebiete, das den Kriegseintritt Italiens zu spüren bekamen, war Buchenstein. Zuerst die eigenen Truppen, und anschließend die italienischen machten große Teile von Buchenstein dem Erdboden gleich. Teile der Bevölkerung wurden evakuiert und kamen entweder nach Böhmen oder Oberösterreich. Wer blieb, wurde von den Italien zumeist in die Abruzzen deportiert. Unten: Nachdem im November 1917 die Dolomitenfront nach Süden verlagert wird, können die Buchensteiner das erste Mal wieder in ihre zerstörte Heimat zurückkehren.

nes vermeintlich leichten Sieges über die Grenzen zu brechen.
Kaiser Franz Josef I. ist zutiefst menschlich getroffen, richtet wiederum an seine Völker ein düsteres Manifest: "Der König von Italien hat mir den Krieg erklärt. Ein Treubruch, desgleichen die Geschichte nicht kennt,..." Italien habe ihn in der Stunde der Gefahr verlassen. Ihn, Kaiser Franz Josef I., das Symbol des europäischen Monarchen. 67 Jahre schon dauert mittlerweile seine Regentschaft. Die Armee war immer mehr zu seinem Liebkind geworden, durch sie war er zum Garanten des Friedens in Europa geworden. Ehre, Treue und Vaterland lebten tagtäglich aufs Neue auf, verwurzelt war er bei seinem Volk und beliebt. Bei seiner Armee fühlte sich der Kaiser verstanden.
Österreich zeigt sich überrascht über den Kriegseintritt Italiens. Doch er lag in der Luft, schon viele Jahre vorher war man den aufkeimenden Unabhängigkeitsströmungen in Italien mit Misstrauen begegnet. Trotz der umfassenden Autonomie, die man diesen anderssprachigen Völkern gewährte. Schon vor 1900 hatte man begonnen an den Sprachgrenzen Festungsanlagen zu bauen, auch der Bau der Dolomitenstraße stand unter diesem Gesichtspunkt. So überzogen die Festungen von Corte bei Buchenstein, die Straßensperre Ruaz, „Tra i Sassi" am Valparola, Mitterberg bei Sexten und andere Bollwerke diese Gebiete. Doch sind diese Abwehrriegel im Jahr 1915 schon zum großen Teil veraltet und entsprechen nicht mehr den militärischen Anforderungen der damaligen Zeit.
Vorerst einmal gilt es die eigenen Angriffslinien zu säubern. Und man schreckt vor Maßnahmen der Unmenschlichkeit nicht zurück. Der Weiler Corte, neben Buchenstein, in den südlichen Dolomiten gelegen, muss am 20. Mai 1915 daran glauben. Die Nähe zum gleichnamigen österreichischen Festungswerk wird ihm zum Verhängnis. Die Bauernhäuser werden vor den Augen der aus den Häusern gezerrten Bewohner von den Österreichern in die Luft gesprengt und niedergebrannt. Zu nahe liegt die Häuseransammlung an der Einschussschneise des Festungswerks.
Giuseppe Vallazza ist einer der Einwohner "Um 11 Uhr müssen wir endgültig das Dorf verlassen..... Zum Abschied hörten wir den fürchterlichen Knall. Die Kirche hatte man mit Dynamit in die Luft gesprengt." Und sie staunen alle, dass das Kreuz dabei überhaupt keinen Schaden erleidet. Erschüttert steht Vallazza vor dem, was er zurücklassen muss. "Die ersten die daran glauben mussten, waren die Schweine. Sie wurden von den Soldaten niedergemetzelt."12
Noch schlimmer ergeht es Josef Baur, stolzer Besitzer des Grandhotels Baur in Landro. Hier liegt eine der Wiegen des Fremdenverkehrs. Kaum ein vergleichbares Feriendorf, alles in der Hand eines einzigen Mannes gibt es in Europa. Das Grand Hotel Baur, 400 Betten stark, steht in voller Blüte, regiert mit eiserner Hand, auf dem neuesten Stand gebracht mit einem Hauch von London, Brüssel und Wien. Das Feriendorf Baur liegt direkt in der Schusslinie des Festungswerks Landro. Schon vorher hatte man die Berge rundum zu Kampfstellungen ausgebaut. Es gab keinen expliziten Befehl aus Wien, doch der Österreichische Gebietskommandant fühlt sich bemüßigt, ganze Arbeit zu leisten: Die zehn Häuser des Feriendorfes werden vermint, und von einer Sekunde auf die andere sinkt das Reich, wo Könige und Adelige sich wohl fühlten, in Schutt und Asche. Ein Tag vor Kriegsausbruch. Zehn Tage lang findet man Josef Baur nicht mehr. Schon befürchtet man das Schlimmste, man denkt an Selbstmord.

Ein Tag vor Kriegsbeginn wird eines der größten Feriendörfer Europas, das Hotel Baur im Höhlensteintal von den eigenen österreichischen Truppen in die Luft gejagt. Es stand zu ungünstig in den Schusslinien der eigenen Stellungen. Einzig und allein die Kapelle blieb erhalten.

Dann kehrt ein wankender und am Boden zerstörter Mann wieder ins Tal zurück. Er hatte sich in den Wälder der Umgebung versteckt, um zu grämen und zu trauern. Ein Pionier ist am Ende, das Grand Hotel Baur nicht mehr vorhanden.
Am 24. Mai 1915 hört Don Valerio Irschara, Kurat von Andraz, "die ersten Einschläge der Granaten". Auch ihm wird nun grauenvoll bewusst, dass der Krieg ausgebrochen ist. Die Feier des Pfingstfestes in der Kirche wird ihm vermiest. Außerhalb kämpfen die Truppen wie wild gegeneinander. Doch noch immer ist es für den Kuraten, als auch für die Bevölkerung, ein eigenartiger Krieg. "Eines Tages kamen von der Festung Corte 10-12 österreichische Soldaten.... In Buchenstein wollten sie die Martinis besuchen. Diese aber waren dort nicht anwesend. Sie warteten, tranken einige Liter Wein, dann wollten sie ihnen in Richtung Salesei entgegengehen. Es ging nicht gut aus. Drei wurden erschossen, 5-6 wurden verletzt."[13] Man hatte sie vor den italienischen Scharfschützen gewarnt.
Noch immer wollen die Menschen nicht wahrhaben, dass es um ihr Leben geht, noch immer wollen sie ihre Häuser nicht im Stich lassen. Und doch: Zwischen den Einschlägen der Kanonen, den Bombardements, den Flammen, die ihre Häuser verzehren, beginnt der Auszug der Frauen und Kinder. Die Männer kämpfen schon im Rückzugsland, in der Hölle des nun wahr gewordenen Krieges. Bis zum Letzten klammern sich die Familien an ihre Heimat. Auch, nachdem die italienischen Truppen ihren Einzug halten.
Noch am 8. Juli 1915 krallen sich die Bewohner einiger Weiler an ihrer Heimat fest. Teresa Palla ist unter ihnen "Sie gaben uns unzählige Befehle hintereinander, immer mit dem Gewehr in der Hand: Marsch ins Haus, sofort heraus, nicht ans Fenster". Der in Flammen stehende Weiler Agai erschüttert sie, hoch lodern die Feuer der von den Österreichern in Brand geschossenen Bauernhäuser. "Frau Giacoma kochte gerade Polenta. Aber sie schaffte es nicht sie zu Ende zu kochen. Denn wir mussten unser Haus verlassen."
Noch sind die italienischen Truppen siegessicher. "Der Leutnant fragte mich "Habt ihr das Haus abgeschlossen?" Nein, antwortete meine Mutter. "Dann schließt die Türe ab, wir rühren sicher nichts an, wir erobern nur noch den Col di Lana, dann könnt ihr wieder nach Hause zurückkehren!"[14]
Für alle wird der Auszug zu einem Weg der Leiden. Überall wird geschossen, eine Frau bringt im Wald ihr Kind zur Welt, die ersten Nächte schlafen sie im Freien, auf Almhütten, auf nacktem Boden. Ungeziefer nistet sich ein, Hunger wird ihr ständiger Begleiter. Die Frauen werden ihrer Würde beraubt, müssen bei ihrem Zurückfluten durchs Gadertal betteln.
Auch in Cortina d´Ampezzo sind die Menschen verängstigt und unbeholfen. Kampflos soll den italienischen Truppen der Dolomitenhauptort überlassen werden. Niemand dort will oder kann dies recht glauben. Verlassen von Kaiser Franz-Josef fühlen sich die Cortineser, sie, die seit 1511, trotz ihrer italienischen Sprache, immer treue Anhänger des habsburgischen Reiches gewesen waren.
Isidoro Alverà Graèr, 1894 in Cortina d´Ampezzo geboren, Tischler von Beruf, bei den Standschützen eingetreten, 1914 noch nicht zwanzig Jahre alt und deswegen nicht einberufen, vermerkt in seinem Tagebuch, wie er von seiner Mutter lauthals aus dem Schlaf gerissen wird. „Hilfe Doro (Isidoro), sie sind gekommen um dir mitzuteilen, dass du aufbrechen musst.“ Ich schenkte dem keine Aufmerksamkeit. Noch einmal kam meine Mutter, ich

musste aufstehen und wusste nicht was ich tun sollte. Draußen waren schon unzählige andere versammelt. Um 10 Uhr starteten wir alle mit Begeisterung von Cortina, aber es war nicht eine normale Glückseligkeit, an der Kirche hielten wir alle inne."[15]

In der Nähe von Fiames steht das herrschaftliche "Schloss Hubertus". 1896 war es von der englischen Gräfin Emily Howard Bury, einer passionierten Jägerin erbaut worden. Immer hatte sie sich großzügig für die Belange Cortinas eingesetzt. Die Einberufenen finden den üppig gefüllten Weinkeller, und beginnen sich für die lukullischen Spezialitäten zu begeistern. Krieg haben sie erwartet und währenddessen wanken sie quicklebendig und mit zu hohem Alkoholpegel aus diesem Haus. Es schien sich, trotz des Krieges, eine glückliche Zeit anzubahnen. Isidoro Alverà Graèr und seine Freunde sind begeistert. "...wir gingen in den Keller um zu trinken, was uns Mut gab."[16]

Am 24. Mai 1915, einen Tag nach Kriegserklärung, überschreiten die italienischen Truppen die alte kaiserliche Grenze vor Cortina d´Ampezzo in den Dolomiten. Nun herrscht wirklich Krieg. Einige Bauern aus Cortina, die ihre Kühe, ihren einzigen Reichtum, noch schnell auf die Almen treiben wollen, sind die ersten Leidtragenden. Sie werden verhaftet. Die italienischen Truppen, in aller Eile rekrutiert und kriegsunerfahren müssen sich selbst und mehr noch der Bevölkerung mit zur Schau getragener Gewalt das Gefühl geben, dass nun wirklich Krieg ist.

Die italienischen Soldaten staunen wie leicht man Kriege gewinnen kann. Trotzdem spielt die Angst vor möglichem Hinterhalt mit. Sie werden aufgefordert, nicht auf der Straße zu gehen, denn sie konnte ja vermint sein, sondern werden von ihren Befehlshabern gezwungen, durch die Felder zu robben. So wenig Widerstand hatten sich die italienischen Truppen nicht erwartet. General Luigi Cadorna bleibt in diesen ersten Tagen nichts anderes übrig, als die Leistungen seiner Soldaten zu glorifizieren und in den höchsten Tönen zu loben. Schon sprechen die Kriegsberichte von heldenhaften Leistungen und Kämpfen. Die italienische Presse bauscht diese Berichte noch weiter auf. Bald ist die Rede, dass Cortina d´Ampezzo mit Bajonett und Gewehr in einem Sturmlauf gegen die gut ausgebauten Stellungen gewonnen wurde. Die italienischen Truppen können nicht wahrhaben, dass dieses Dorf einfach von Österreich in Stich gelassen wurde. Der Bürgermeister und der Pfarrer des Dorfes, werden als Edel-Gefangene in einem geschlossenen Wagen herumgeführt. Großmütig klärt man sie über die grausamen und strengen Gesetze des Krieges auf.

So leicht ging anfänglich alles vonstatten, dass man überheblich zu werden beginnt. Als einem italienischen Alpino seine Uhr nicht mehr funktioniert, gibt man ihm den Rat, er solle noch drei Tage warten, dann seien sie ohnehin schon in Wien. Es ist ein Feiern und Festen in Cortina. Die Geschäfte von Ignazio Alverà Venticello und Agostino Dimai sind innerhalb von zwei Stunden leer gekauft, die beiden alten Kaufleute reiben sich die Hände. Die italienischen Truppen wundern sich über vieles: Wieso gab es hier oben ein Dorf, wo die Menschen italienisch sprachen, die Kinder sogar besser in dieser Sprache schreiben konnten, als die vielen, des Schreibens Unkundigen italienischen Soldaten? Und trotzdem waren sie in ihrer Mentalität dem Deutschtum so verhaftet? Warum all diese Gegensätze?

Es konnte nicht sein, dass dieser Krieg so friedlich war! Das Wasser des Dorfbrunnens von Cortina konnte aber vergiftet

sein? So befiehlt ein Alpino einem Kind zuerst das Wasser zu trinken, dann wartet er eine Stunde, streng den Gesundheitszustand des Kindes überprüfend. Doch das Kind zeigt sich gleich quicklebendig wie zuvor.
Die in Cortina übrig gebliebenen Einwohnern dagegen sind überrascht, wie reichhaltig der italienische Speiseplan ist und welch neuartige Spezialitäten plötzlich überall zirkulieren: Es gibt Pastasciutta und Tomaten und sogar als Leckerbissen Schokolade. Die Kinder können sich etwas Geld dazu verdienen. Man beauftragt sie Briefe zu schreiben und zu lesen, sind doch die meisten italienischen Soldaten noch immer Analphabeten.
Eines befremdet allerdings die italienischen Besatzungstruppen einigermaßen: Wieso wurden sie hier von diesen italienisch sprechenden Menschen nicht als Freunde empfangen? Es waren glückliche Zeiten in Cortina, währenddessen keine zehn Kilometer weiter sich die österreichischen Kaiserjäger auf den Bergen einzuigeln begannen und sich auf einen Abwehrkampf vorbereiteten.
Dann fallen die ersten Schüsse und es wird tödlicher Ernst. Sie treffen und töten zwar nur die Pferde von Isidoro Constantini, aber die Vorboten des langen Sterbens legen sich über Cortina.
Maria Menardi de Vìco dagegen beginnt Tagebuch zu schreiben. Genau zeichnet sie Tag um Tag das Vorgefallene auf, bannt mit Tinte und Feder die Schrecken dieser Zeit auf Papier. Es sind einzigartige Zeugnisse aus dieser Zeit. Traurig schreibt sie ihrem Mann, Adolfo Apollonio: "Liebster Dolfo, an diesen Sonntag haben sie die »Madonna della difesa« (allerseligste Jungfrau der Verteidigung) heruntergenommen und sie in einer großen Prozession herumgeführt. .... Und am Samstag um 5 Uhr wurde auch noch der heilige Christus von Zuel heruntergenommen und herumgetragen. Selbst die Ältesten unseres Dorfes erinnern sich nicht daran, dass dies bisher einmal in Zeiten der äußersten Not der Fall gewesen sei".[17] Diese Kirche ist das richtige Wahrzeichen von Cortina. Über Jahrhunderte schon klammerte man sich in Zeiten äußerster Not an ihre Jungfrau der Verteidigung.
Tagebücher, Aufzeichnungen, Fotos und andere Dokumente geben heute noch Beweis über die Stimmungslage in der damaligen Zeit. Nach fast einem Jahr des Kriegführens im Osten, nach der Ernüchterung durch den Tod von tausenden von Männern, der Elite aus diesen Gebirgsgebieten, ist in allen heute vorhandenen Dokumenten wenig von siegestrunkener Euphorie zu spüren. Was in diesen Stunden die Menschen eint ist der Kampf um ihre eigenen Felder und Wälder, ihre Heimat. Den Begriff Heimat zu erklären ist für all jene Nationen, die in den flachen Ebenen und in den großen Städten leben, schwierig. Was treibt die Bergbewohner der Alpen so dazu, an ihrer eigenen, sehr oft so gewalttätigen Scholle über solche Maßen zu haften? Lawinen, Bergstürze, Muren und Überschwemmungen bedrohten diese Gegenden jedes Jahr. Trotzdem: von Wilhelm Tell über Andreas Hofer und viele andere Vaterlandsverteidiger zieht sich ein Band, das mit Vernunft nicht zu erklären ist. Heimat ist nicht Vaterland, es ist mehr, es ist das Kleben an der eigenen Scholle und die Bereitschaft dafür sein Leben hinzugeben. Nur so ist es zu erklären, dass in diesen ersten Kriegstagen und auch danach eine abgemergelte Veteranentruppe zusammen mit Fast-Kindern diese Berge der Dolomiten halten konnte, als der Großteil der Tiroler Truppen im Osten verblutete. Immer wieder gelingt es trotzdem noch, nicht veröffentlichte Doku-

mente zu finden, die die harte Wirklichkeit dieser Zeit vermitteln. Auch wenn der Großteil der ländlichen Bevölkerung seit jeher wenig aufzeichnete und noch seltener das Geld hatte Fotos zu machen, blieb in manchem Familienarchive einiges erhalten. Nicht auf den Krieg im Großen wird hier eingegangen, die genauen Frontlinien, die strategischen Planungen, sondern auf das, was der einfache Bauer und Handwerker, oder der siebzigjährige freiwillige Vaterlandsverteidiger, der sich mit seinem Enkel meldete, fühlte und was für ihn wichtig war.

Für das k.u. k. Reich, aber auch für Italien wäre diese Dolomitenfront unbedeutend gewesen, wohl auch für die Geschichtsbücher, wäre nicht etwas eingetreten, was als anachronistisch für diesen ersten modernen Krieg einzustufen gewesen wäre. Die Auferstehung des Kampfes Mann gegen Mann, die Abkehr von den namenlosen Kämpfern, die wie Nummern unter den Maschinengewehren starben, die Wiederkehr des Begriffes Held. Auf diesen Zinnen kämpfte der Bergführer und einfache Soldat Sepp Innerkofler, sowie der Dichter Arthur von Wallpach, gegen den Arzt und Schriftsteller Antonio Berti, den Steine werfenden Soldaten Pietro de Luca, und den Trientner Irredentisten Italo Lunelli und wurden so fast zu Sagengestalten verklärt. Mann gegen Mann. Held gegen Held. Messer gegen Messer. Und dies wurde ausgiebig von allen Seiten zu Heldentum verklärt, um vom Unsinn und Schrecken des Krieges abzulenken. Es schien als würden die griechischen Sagen wieder auferstehen. Dieser Krieg in den Bergen war im Grunde nichts anderes als eine trojanisches Ringen: Achilles gegen Hektor, Patroklus gegen Odysseus.

Damit wurde der Krieg für die Medien von Wichtigkeit. Für die Italiener und für die Österreicher. Die Soldaten an der Dolomitenfront wurden zu mythischen Gestalten, und wohl auch damit die Anekdoten in den Vordergrund geschoben. Und das dauert heute noch an.

An der »Madonna della difesa« klammerten sich die Ampezzaner schon seit Urzeiten. Auch heute noch bildet die kleine Kirche, am südlichen Rand von Cortina gelegen, einen Hort der Besinnung.

Der „heilige Krieg“ wird in den Köpfen der Bergbewohner idealisiert. Postkarten sollen das Zusammengehörigkeitsgefühl stärken.

Andreas Hofer soll wieder auferstehen. Bärtige Männer in weithin leuchtenden Kleidern, bewaffnet mit Stöcken, sollten es den anrennenden Truppen zeigen. Man würde Steinlawinen auf die Gegner herunterdonnern lassen und den Gegner damit zum Stillstand bringen, wie hundert Jahre zuvor, als Napoleon Tirol eroberte. Gott, der Adler und alle guten Geister würden sich auf die Seite dieser bärtigen Männer und kindlichen Jünglinge stellen, um einer gerechten Sache zum Sieg zu verhelfen.
Die Wirklichkeit sah anders aus, doch die Tiroler lernten sehr schnell. Sie erkannten, dass Geländekenntnis ihnen entgegenkam, die Berge zu Trutzburgen gegen die tapfer anrennenden Alpinis wurden. Am Ende, nach mehr als zwei Jahren harter erbitterter Kämpfe gab es je nach Sichtweise nur Sieger oder nur Verlierer. Der Krieg in den Dolomiten forderte einen hohen Blutzoll, am meisten Menschen holte sich die entfesselte Natur. Geländegewinne verzeichnete keine der Krieg führenden Parteien. Was aber in den Vordergrund zu stellen ist, sind die Höchstleistungen an alpinistischer Waghalsigkeit und als Neuerung der Einführung des Begriffes „Hochgebirgskrieg".

Standschützen – das letzte Aufgebot

Als Italien im Mai 1915 Österreich Ungarn den Krieg erklärt vermeinte es einem von Männern entvölkertem Reich gegenüber zu stehen. Verzweifelt und aussichtslos war auch die Lage an der Dolomitenfront. Zu viele hatten sich schon in Galizien aufgeopfert. Doch nun tritt urplötzlich eine Truppe in Erscheinung die unter Andreas Hofer im Jahr 1809 zum letzten Mal eine entscheidende Rolle gespielt hat: die Standschützen. Bis ins 14. Jahrhundert reicht die Tradition dieser Schützenformationen zurück. Im „Landlibell“ von 1511 wird ihre Position festgeschrieben: “Jeder Gerichtsbezirk hat in Kriegszeiten je nach Bedrohung eine Anzahl von wehrtüchtigen Männern zu stellen.“ Doch wahrscheinlich liegen ihre Wurzeln noch viel weiter in der Geschichte zurück, bewundert doch schon der römische Chronist Tacitus einen uralten Brauch bei den alten Germanen, dass diese in Kriegszeiten „ihre Führer selbst nach deren Tüchtigkeit auswählten.“

Mag dieses Vorgehen gerade in straff organisierten Heeresverbänden von Nachteil sein, so bringt es doch, wenn es darum geht, die eigene Heimat zu verteidigen, Vorteile. Eine fest zusammengeschweißte Truppe weiß die Fähigkeit des Einzelnen am Besten einzuschätzen. Bis zum Major konnten die in Bataillonen zusammengefassten Truppen ihre Anführer selbst wählen. Diese Graduierten wählten sie vertrauensvoll aus ihnen bekannten Führungskräften der Dörfer, meist Gastwirten, erfolgreichen Gemeindevorständen, Handwerkern, Geschäftsleuten, Rechtsanwälten. So erregten die biederen Bauern alsgleich den Neid der regulären Militärs, die sich erst langsam und mühselig hochdienen mussten.

Im Frühjahr 1915 aber sind die Standschützen noch weit vom Zustand eines überhaupt im kleinsten Nenner verteidigungsfähigen Gruppe entfernt. Sie haben weder Uniformen noch moderne Waffen. Man rüstet sie mit älteren Mausergewehren, alten Werndlgewehren (Baujahr 1871) oder Mannlicher Repetiergewehren aus. Mit Zivilkleidung und teilweise Gewehren aus der Zeit Napoleons waren sie in

Oben: Grödner Standschützen proben am Grödner Joch wenige Tage vor Kriegsbeginn den Ernstfall. Oben andere Seite: Buchensteiner Schützen in ihrer Tracht um 1900. Bilder unten links und rechts: Standschützen vom Bataillon Enneberg bei einer Übung einen Tag vor Kriegsausbruch. In den ersten Kriegsmonaten fielen sie durch ihre bunt zusammen gewürfelte Kleidung auf. Sie trugen eigenes Schuhwerk, meist ein deutsches Mausergewehr mit Bajonett, ihren Proviant verstauten sie im Bergsteigerrucksack. Erst allmählich und bedingt durch die Notwendigkeit bekamen sie eine einheitliche Uniform. In ihrem Charakter ordneten sie sich aber nie vollkommen der strengen Militärhierarchie unter.

Gadertaler Standschützen bei ihrer ersten Übung kurz vor Kriegsbeginn. Innerhalb weniger Tage erhalten sie Uniformen und neue Waffen und werden als letztes Aufgebot in die Schlacht geworfen.

großer Zahl dem freiwilligen Aufruhr gefolgt. Die Heimat nicht zu verteidigen war gleich bedeutend mit Landesverrat und das letzte Aufgebot bot sich so allumfassend dar, dass sich die Dörfer Tirols zum größten Teil entleerten. Genommen wurde im Prinzip jeder, der sich selbst als tauglich einstufte. Und besondere Rücksicht nahm man dabei auf die älteren Männer, um gerade nicht sie in ihrer Liebe zum Vaterland zurückzustufen oder zu verletzen. Ein Bekannter, der Ende Mai 1915 eine Gemeinde in Enneberg besuchte, traf dort nur mehr den Pfarrer und einen achtzigjährigen Greis, in Kelmen im Lechtal musste ein alter Bauer seine verstorbene Frau selbst begraben, weil kein Mann mehr im Dorf war. Vom Jüngling bis zum Greis folgte man dem Aufruf. Die Jüngsten zählten knappe vierzehn Jahre, der älteste Standschütze, ein über achtzigjähriger Greis, stand an der Ortlerfront. Anfang 1915 betrug die Zahl der Standschützen in Tirol über 38.000 Mann. Chaotisch waren die ersten Versuche diesen bunt zusammen gewürfelten Truppen ein Minimum eines militärischen Gepräges zu geben. Im Schnellkurs ging es dahin. Am ersten Tag erfolgte militärisches Exerzieren, um die Grundbegriffe militärischer Bewegung einzutrichtern, am zweiten Tag werden schon einfache Gefechtsübungen durchgeführt.

Dr. Anton Mörl, legendärer Leutnant der Standschützen, wegen Kurzsichtigkeit als untauglich für den allgemeinen Wehrdienst ausgemustert, meldet sich gleichfalls beim ersten Aufruf mit Stolz. Und er berichtet über seine ersten gemeinsamen Übungen, als sie alle „mit Feuereifer aufeinander losgingen, so dass es jedes Mal Verwundete gab.“[18] „Für größere Offensivoperationen nicht verwendbar“ ist das vernichtende Urteil des Innsbrucker Landesverteidigungskommandos. Mit samtenen Händen muss diese bunt zusammen gewürfelte Truppe angefasst werden. Ihr Horizont reicht von ihren zu Hause gelassenen Frauen und Kindern bis hin zum festen Vorsatz bei zur nächsten Heumahd wieder daheim zu sein. Beruhigend muss am 8. Juni 1915 General Viktor Dankl noch vor der Heumahd eingreifen „Ist einmal der Feind zurückgeschlagen, dann werden wir alle unsere Arbeiten zuhause ruhig und gesichert verrichten können.“[19] Traut man ihnen anfänglich eigentlich nur zu, im Hinterland Schanzarbeiten oder Trägerdienste zu verrichten, so müssen sie vom ersten Tag an in vorderster Front ihren Mann stellen und werden so zu viel bewunderten, schnell sich gut organisierenden Kämpfern. Ein Heldenmythos wird so erneuert, aufbauend auf Andreas Hofer, dem legendären Führer während der napoleonischen Zeit. Trotzdem werden sie von den regulären Truppen oft schlecht behandelt. Man weist ihnen Erdlöcher zu, beanstandet ihren Dreck, die Läuse und das Ungeziefer. Die mangelnde Reinlichkeit. Standschütze Anton Mörl, inbrünstigster aller Schreibenden, beschwert sich bitter über die schlechte Behandlung „Viele hatten nur ganz leichte Stadtschuhe an, oft waren diese zerrissen und die noch ganzen gingen bei dem ewigen Dreckwetter in kürzester Zeit aus dem Leim.... Wir forderten von den höheren Kommandan-

Diese Bilder, aus verschiedenen Bauernarchiven, zeigen mehr als die Beschreibungen mit welchem Enthusiasmus, und mit wie wenig Ahnung vom tatsächlichen Krieg die Vaterlandsverteidigung in Angriff genommen wurde. Oben links: Schützen aus Ahornach bei Sand in Taufers vor dem Krieg. Niemand ahnt, dass sie bald zu den Waffen gerufen werden, um ihr Land zu verteidigen. Mitte links: Die Vereidigung der Brunecker Standschützen am 19. Mai 1915 am Kapuzinerplatz. Mitte rechts: Abfahrt der Ahrntaler Standschützen an die Front. Unten: Die Standschützen aus Enneberg kurz vor ihrem Abmarsch in den Krieg.

ten Schuhe an, erhielten aber keine. Schuhe zu kaufen war verboten."[20]
Die Standschützen in militärische Strategiepapiere einzuordnen gelingt nicht. Sie „vergessen Krieg zu führen". Schon am 12. Juni 1915, knapp nach Krieganbruch weiß sich Feldmarschall Ludwig Goiginger nicht mehr zu helfen. „Standschützen am Monte Piano gingen eigenmächtig aus dem Gefecht", vermeldet er dem Landesverteidigungskommandanten General Viktor Dankl. Der versucht die bunt zusammen gewürfelte Truppe zu verstehen. Man soll den „freiwillig sich meldenden, patriotisch fühlenden Leuten gewisse Erleichterungen oder Konzessionen" machen. Aber im Prinzip bleibt auch er hart und schreckt nicht vor der Aussage zurück, dass im Notfall standrechtliche Maßnahmen auch gegen diese Freiwilligentruppe ergriffen werden müssen.
Schon in den ersten Kriegstagen, als die österreichisch-ungarische Armee noch im Osten verblutete, hatte man in die Dolomiten das „Deutsche Alpenkorps" mit 12.000 gut ausgerüsteten Männern unter dem bayerischen Generalleutnant Konrad Krafft von Dellmensingen entsandt. Und mochten die Bayern auch im Jahr 1809 noch gegen die Tiroler gekämpft haben, diesmal verstanden sie sich gegenseitig hervorragend. Generalleutnant Krafft übt sich als Psychologe. „Am lehrreichsten vollzieht sich aber die Weiterbildung an der Front selbst durch die grundsätzliche Mischung von Standschützen und Truppen..." Um am Ende zum Schluss zu kommen: „Hier ist mit dem Befehlen nichts zu machen. .... Am lehrreichsten und am sichersten wirkt das Beispiel und die ruhige, geduldige, freundliche Belehrung, die den Leuten das, was sie lernen sollen, förmlich spielend beibringt."[21]
Trotzdem darf der Einfluss der Standschützen im Laufe des Krieges nicht überschätzt werden. Ihre Zahl ging konstant zurück. Immer mehr reguläre Truppen wurden eingesetzt. Es gab verletzungsbedingte Ausfälle unter den Standschützen, viele wurden aus Altersgründen beurlaubt. Gegen Kriegsende versahen nur mehr ein knappes Drittel ihren Dienst in den Bergen. Doch allein diese Tatsache reichte aus, ihr Wirken ihn Mythen und Legenden zu verklären.
Zum ersten Mal kann die k. u. k österreichisch-ungarische Presse nach Monaten des namenlosen Hinsterbens in den russischen Ebenen Erfolgsmeldungen hinaus posaunen. Alice Schalek, mehr als patriotische österreichische Kriegsberichterstatterin, lässt sich in ihrem Frontreisebericht „Tirol in Waffen" zu nicht zu überbietenden Lobeshymnen hinreißen „Mit ihren derben Schuhen und ihren harten, schweren Gesichtern, mit den großen Bärten und den kindlichen Blauaugen, sehen sie fast unwirklich aus. Dass sie echt sind, lebendig und beweglich, will man anfangs kaum glauben. Erst wenn sie ausspucken und „Grüaß Gott!" sagen und plötzlich schlau verstohlen zwinkern, dass man sie ja nicht für dumm halten möge, dann fühlt man, wie hier jeder Mann für sein Volk symbolisch auftritt."[22] Die Standschützen werden verklärt, werden zum Manna für ein bedrängtes Land, das sich einen schnellen Sieg versprach.
Die Leute der Städte, von Wien bis Berlin kannten die Gegend, hatten in diesen Zinnen der Dolomiten Berghütten errichtet, waren in Sommerfrische gekommen. Mögen auch die Dolomiten nur ein winziger Frontabschnitt gewesen sein, hier konnten sich die Nationen tausendfach bestätigen, dass jeder siegte und keiner verlor. Weil jeder einzelne einen Namen hatte und seinen eigenen Kampf führte.

Oben: Im Verlauf des Krieges werden immer mehr und immer jüngere Kinder zum Arbeitsdienst hinter der Front eingezogen. In Arbeiterkompanien zusammengefasst bauen sie Straßen und Seilbahnen. Oft werden sie Opfer von feindlichen Artillerieangriffen.
Auch die Kinder lassen sich von der allgemeinen Kriegsbegeisterung anstecken. Ob in Sand in Taufers die Garde der Fahnen schwingenden und mit Holzwaffen ausgerüsteten Soldaten, (unten) oder die beiden Brüder Mengoto und Alfonso Facchini aus dem Fassatal, (rechts) sie alle fühlen sich als kleine "schneidige" Soldaten wie ihre Väter. Sie wollen es ihren in den Krieg gezogenen Vätern gleichtun. Der Krieg als Spiel, das Sterben als nichts Endgültiges, so stellte man sich in den Anfangstagen den Konflikt vor. Der Ernst kam, als die Toten nach Hause gebracht wurden, die Bevölkerung hungerte, und auf den Bauernhöfen sämtliches Vieh requiriert wurde.

Schon im Jahr 1893 beginnt Oberst Georg Bilgeri - das Skifahren hatte erst in den Alpen, aus den skandinavischen Ländern importiert Fuß gefasst - den Skilauf zu propagieren. Er veröffentlichte Bücher über die richtige Skitechnik, erkennt als einer der ersten die Wichtigkeit der Skier im Krieg und hält in Tirol eine Fülle von Skikursen für das Militär.

Die neu Wunderwaffe: der Ski

1873 wird Georg Bilgeri in Vorarlberg geboren. Als zwanzigjähriger lässt er sich ein paar Skier aus Norwegen kommen. Es ist ein völlig neues Wundergerät in den Alpen. Ein Jahr später bildet Bilgeri schon die ersten Kaiserjäger-Offiziere im Skilaufen aus. Er wird von einer Lawine verschüttet, in einem Hohlraum unter einem Baum überlebt er, gräbt sich, nachdem ihn seine Begleiter schon verloren glaubten, wieder frei und beginnt sich mit missionarischem Eifer seiner Leidenschaft zu widmen. Tausende Militärangehörige lernen durch ihn das Skifahren. Doch in erster Linie ist er Alpinist, sieht das Skifahren als etwas Allumfassendes. Lawinenkunde und Rettungsmaßnahmen trichtert er seinen Schülern ein, schreibt Bücher, erfindet neue Bindungen und bessere Skier. Luis Trenker, der später berühmt gewordene Schauspieler und Schriftsteller, lernt genauso von ihm wie viele andere. Er will das Skifahren auch in anderen Ländern bekannt machen. Die Heeresführung verbietet es ihm, versetzt ihn zur Strafe nach Ungarn. Doch er lässt sich nicht entmutigen.

Im Dolomitenkrieg besteht der Ski seine Feuertaufe, wird zu einem kriegsentscheidenden Medium, Bilgeri wird rehabilitiert. Auch die italienischen Alpinis, eine der ersten Hochgebirgstruppen, stehen dem nichts nach, erkennen genauso die Wichtigkeit des Skifahrens. Auch sie bilden exzellente Skifahrer aus. Doch Georg Bilgeri ist und bleibt ein Besessener, auch nach dem Krieg hinaus. Und er stirbt 1934, sechzigjährig, wie könnte es anders sein, während eines Skikurses am Patscher Kofel bei Innsbruck.

Bilder aus der Zeit vor dem Ersten Weltkrieg, die zeigen welche Wichtigkeit man schon damals dieser neuen Sportart zumaß. Bild oben und unten links: Skikurse und Winterübung des Landesschützenregiments Nr. III im Jahr 1911 in Innichen. Bild unten rechts: Ein Offiziersrennen im Jahr 1913 am Drei Zinnen-Plateau. Zu Fuß ging es zuerst stundenlang in die Höhe, um sich dann im sportlichen Wettkampf zu messen. Als Kriegssportart wurde das Skifahren geboren und weiter entwickelt.

Die Taten muss man zeigen

Das Gesicht des Krieges muss in Wort und Bild festgehalten werden. Die Helden in manchmal vieltausendfacher Auflage als Postkarte dargestellt werden. Die Kriegsmaler stürzten sich ins Kampfgetümmel. Karl Hayd ist einer unter ihnen. An der Dolomitenfront versieht er seinen Dienst. Er malt und zeichnet. Kämpfe und Märsche, aber auch Szenen der Besinnung werden festgehalten. Die Bilder werden zu einem Querschnitt des Krieges, die Höhepunkte in packender, mitreißender Weise dartellend. Aus diesem Mosaik des Kleinen ergibt sich so das verklärte Bild des Gesamten.

Die bemerkenswerten Zeichnungen und Ölbilder von Karl Hayd geben ein vielfältiges Bild des Frontlebens im Pustertal. Besonders eindringlich das Bild des knapp siebzehnjährigen Standschützen Josef Elsler aus Prags, und als Gegenpol der 71 Jahre alte Josef Dapunt aus St. Leonhard im Gadertal. Mag auch die Fotografie den Augenblick naturgetreuer wiedergeben, in der Malkunst konnte der Künstler innere Stimmungen besser einfließen lassen.

Feldküche in Bruneck

Wir treten zum Beten vor Gott den Gerechten.

Die Flucht zu Gott

Die Bilder zeigen besonders eindrucksvolle Augenblicke der Flucht zu Gott. Oben: Ölbild einer Feldmesse in den Dolomiten. Bei der Messe trafen sich die Gedanken der Soldaten und sie blieb eine der wenigen Augenblicke grenzenloser Meditation.
Rechts: Feldmesse im Kampfabschnitt Col di Lana. Auf beiden Seiten der Front war die geistliche Unterstützung und Hilfe für die Soldaten von großer psychologischer Bedeutung. Oft versuchte man durch die Religion den Krieg als notwendiges Übel darzustellen.

Gott und der Krieg gehören untrennbar zusammen. Jeder Krieg ist immer ein gerechter Kampf für das eigene Vaterland. Den Gegner möge Gott verdammen. So haben Feldkuraten und Geistliche in Kriegszeiten auf jeder Seite Hochkonjunktur. Viele der Geistlichen beließen es bei aufopferungsvollem Beistand im Kampfgetümmel, andere wiederum wurden selbst von der Leidenschaft mitgerissen und verwandelten sich in feurige Kämpfer, die auch nicht vor dem Einsatz des Gewehrs halt machten.

Oben: Fronleichnamprozession in Sand in Taufers. Besonders einfühlsam hält der Fotograf die Andacht zweier Soldaten am Nepomuk-Stöckl in Sand in Taufers fest. Unten: Der Sextner Standschütze Josef Lanzinger meditiert in einer der Barackensiedlungen am Burgstall neben der Sextner Rotwand vor einem notdürftig errichteten Feldaltar.

Das deutsche Alpenkorps

Die wahren Retter der Dolomitenfront zu Kriegsbeginn 1915 waren die Soldaten des deutschen Alpenkorps, die den bedrängten k.u.k. Soldaten zur Hilfe eilten. Die kriegserfahrenen deutschen Truppen wurden von der Westfront abgezogen und an die bedrohte Dolomitenfront geführt, obwohl das deutsche Kaiserreich mit dem italienischen Königreich noch nicht im Kriegszustand war. Unten: Deutsche Soldaten beim Ausbau eines Stützpunktes am Helm. Ein besonderes Verhältnis entwickelte sich zwischen den Soldaten des deutschen Alpenkorps und den Tiroler Standschützen, deren Wert sie, im Gegensatz zu vielen österreichischen Offizieren sofort erkannten. Während die deutschen Truppen die Kriegstechnik bestens beherrschten, waren die Tiroler Bauernsoldaten sehr geländekundig und ausgezeichnete Bergsteiger. Sie lernten von ihren deutschen Kameraden den Stellungsbau und andere wichtige Kriegstechniken.

Oben: Ein deutsches Feldgeschütz im Kampfabschnitt Kreuzbergpass. Unten: Deutsche Sanitäter im Kampfabschnitt Col di Lana.

Die Croda d´Ancona war Angelpunkt im heiß umkämpften Kampfabschnitt Som Pouses. Am Gipfel befand sich die Stellung des Artilleriebeobachters, der von hier aus das ganze Gebiet um Cortina, die Fanesberge im Westen und die Cristallogruppe im Osten einsehen konnte. Überall stößt der Wanderer

Ein Volk von Streitern, Helden, Schreibern

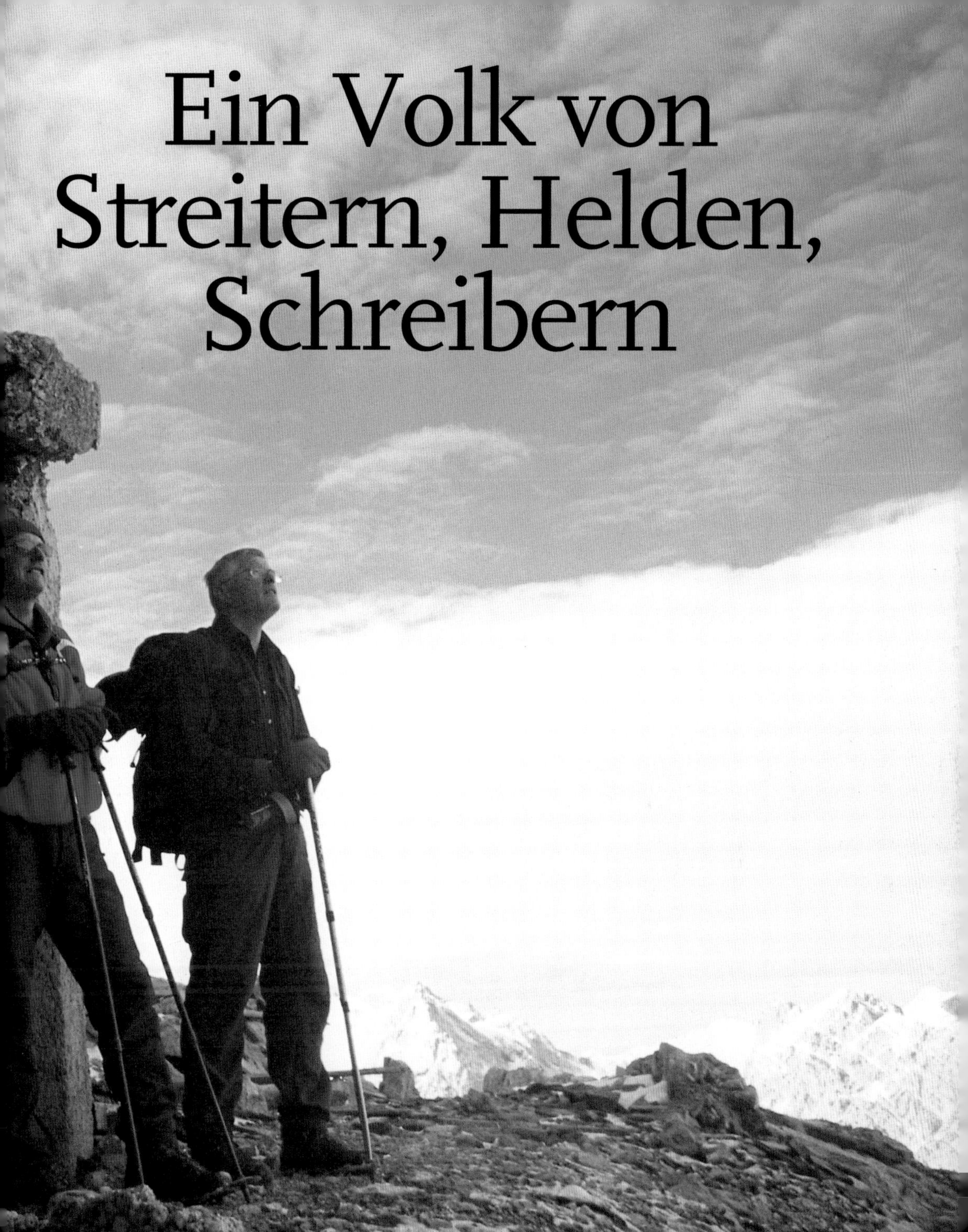

heute noch auf die tiefen Narben des Krieges. Nachdem die Fronten immer unverrückbarer wurden, richteten sich die Soldaten häuslich ein. So entstanden mancherorts ganze Dörfer von Baracken aus Stein und Holz.

Feldmesse der Standschützen auf der Plätzwiese. Jede größere militärische Einheit hatte einen Geistlichen. Die k.u.k.-Truppen waren eine Vielvölkerarmee mit verschiedenen Glaubensgruppen. So gab es neben den katholischen Feldkuraten auch jüdische Rabbis und muslimische Geistliche, die für den re-

ligiösen Beistand der Truppe zu sorgen hatten. Tief religiös waren vor allem die Standschützen. Oft wurde vor und nach dem Gefecht Rosenkranz gebetet oder eine Messe gefeiert. Dieser tiefe Glaube wurde oft von Offizieren anderer Einheiten belächelt oder erregte sogar Missfallen.

Heldentaten muss man preisen

„In diesem Augenblick streute das Maschinengewehr unter mir plötzlich eine Garbe auf die Spitze des Paternkofels. Mein Vater war am Firmament links vom Gipfelsteinmann sichtbar. Dann fiel er zurück. Unter mir schrie man laut und aufgeregt: Feuer einstellen! Der Befehl kam zu spät.“[23] so beschreibt Josef Innerkofler, jüngster Sohn des legendären Bergführers Sepp Innerkofler den Augenblick des Todes seines Vaters. Am Innichriedel in der Nähe der eigenen Maschinengewehrstellung hatte er alles miterlebt.

„... Mit weit ausholendem Schwung schleudert er die erste Handgranate über die Steindeckung der Gipfelwache. Er wirft die zweite und die dritte. Da erscheint unvermutet auf der Mauer die Figur eines Alpinisoldaten, der in hoch erhobenen Händen ein Felsstück hält. Mit beiden Händen wirft er den Stein in die Tiefe. Der Mann fällt nach rückwärts, stürzt ab und bleibt in einem Kamin liegen...Der Alpinisoldat, der den Paternkofel gerettet hat, heißt Piero de Luca, Träger der Bronzemedaillen.“[24] Derjenige, der diese Zeilen schreibt, ist Antonio Berti, Arzt, Kletterer, Schriftsteller. Piero de Luca, der den Tod von Sepp Innerkofler zu verantworten hat, erzählte es ihm so. Zwei vollkommen unterschiedliche Versionen zum Tode eines dadurch zu Ruhm und Ehre gekommenen Bergführers. Sepp Innerkofler starb durch eigene Maschinengewehrsalven, nein, er kam durch die heldenhaft sich verteidigenden Italiener zu Tode. Der Krieg in den Sextner Dolomiten – in seiner Überschaubarkeit, in der Art und Weise wie er geführt wurde, was er hinterließ – kann er nichts anderes, als die Menschen heute noch zu ergreifen und zu faszinieren. Auf diesen wenigen Kilometern Frontverlauf gab es einen Krieg der großen Namen, um große Berge. Nicht umsonst schrieb der allzu oft verkannte, in Sexten geborene Journalist Claus Gatterer gerade über diese Bevölkerung und Landschaft sein Meisterwerk „Schöne Welt, böse Leut“. Tausendfach wurde dieser Krieg erzählt und beschrieben und allzu gerne hören wir heute noch die Anekdoten, die uns Schauer über den Rücken jagen. Wie Sagen werden sie uns beigebracht. In ihrer Spannung gleich der Ilias und den Nibelungen. Überflüssig sei nochmals zu wiederholen, was eh schon oft genug beschrieben wurde. Daten über den Frontverlauf, die Kriegsoperationen, die Mittel. Dieser Krieg baut auf die zu Legenden gewordenen Taten von Einzelpersonen, auf beiden Seiten der Front.

Heinz von Lichem, 1941 geboren, ein Meister der detailgetreuen Analyse, von diesem Weltkrieg begeistert wie kaum ein zweiter, gelang es wohl am Besten den Geist dieser Hochgebirgskämpfe der Nachwelt weiter zu vermitteln. Er nennt den Krieg in den Sextner Dolomiten „alpinistisch-sportlich“ und liegt sehr nahe an der Wahrheit. „Damals eilten die Patrouillen (nichts anderes als bewaffnete Seilschaften) von Gipfel zu Gipfel, von Pass zu Pass, über alle Grate und durch viele Felswände. Jeder wollte und musste dem anderen bei der Besetzung von Punkten zuvorkommen. Diese Patrouillen waren echte Seilschaften im heutigen kameradschaftlichen Sinn; nur trugen sie Waffen, die aus dem einst sportlichen Spiel tödlichen Ernst machten.“[25]

Das Feindbild aufzubauen, war in den Sextner Dolomiten schwerer als anderswo. Diese Berge galten damals schon als Mekka des Kletterns. Italiener, Deutsche,

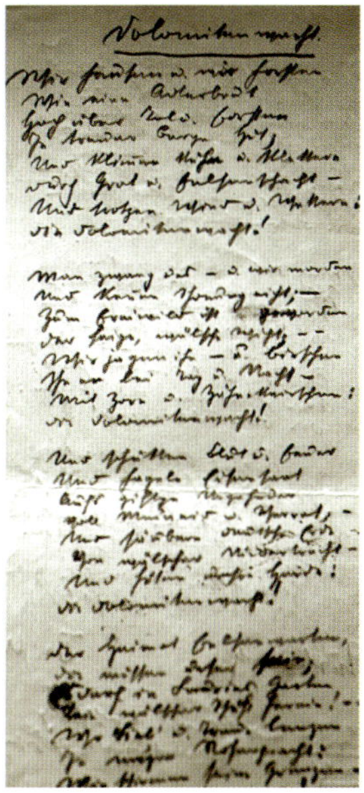

In den Sextner Dolomiten trafen eine Vielzahl von Menschen unterschiedlichen Ranges und Ausstrahlung zusammen. Oben und unten links: Der dichtende Standschütze Arthur von Wallpach, eine imposante Erscheinung mit seinem Bart. Zu seiner Zeit galt er als viel Gelesener Lyriker, heute gilt die schwülstige Schreibart als nicht mehr zeitgemäß. Er ließ sogar eigene Visitenkarten drucken. Als Bruder Willram wurde der Nordtiroler Geistliche Anton Müller bekannt. Er verfasste eine Vielzahl von Gedichten, meist nationalistischen Inhalts. "Dolomitenwacht" gilt als eines seiner Bekanntesten. Nach dem verloren gegangen Krieg kam die Ernüchterung. Besonders darum, weil gerade die Geistlichen zu sehr ihre neutrale und standesgemäße Rolle vernachlässigten.

Engländer, Österreicher stiegen noch Monate zuvor zuhauf in diesen Bergen herum, die Einheimischen, ob italienisch sprechend oder deutsch, hatten niemals größere Schwierigkeiten miteinander. Und nun mussten sie sich hassen, wo sie tags zu vor noch Nachbarn waren.
Kriegsstrategisch war alles klar, im großen wenigstens. Zwei markante Einschnitte - der Kreuzbergpass auf einer Seite, wenige Kilometer davon entfernt das Höhlensteintal boten sich als Durchzugsrouten offen und freizügig dar. Wenn doch Italien nach dem Ende des Weltkrieges die zwei Grenzen am Kreuzbergpass und bei Landro auf eine bei Winnebach reduzieren konnte, dann hat dies nichts mit dem eigentlichen Kriegsgeschehen zu tun, sondern viel mehr mit den außerordentlichen Zufälligkeiten der Weltgeschichte.
Heute kann man kaum mehr neue Fakten zu den alt bekannten hinzufügen. Man kann aber Erzähltes, Geschriebenes, Anekdotisches aneinanderreihen. Man kann die Galerie der Fotos, zu tausenden geschossen, zusammenfügen, auf dass diese Welt im Kleinen aussagekräftiger werde.
Diese Gefechte waren Teil eines sportlich-alpinistischen Wettkampfes. Das ist die erste bemerkenswerte und eigenartige Tatsache zugleich. Die nächste schließt sich noch unverständlicher, aber umso wahrheitsgetreuer direkt daran an. Es war ein „geistig-kulturelles Ringen". So makaber das damit verbundene Sterben am Ende auch klingen mag. Hans Müller, einer der erfolgreichsten Schriftsteller seiner Zeit fasst dies in gewagtem Wortschwall zusammen: „Jeder Soldat, der das Schwert gebraucht, ... ist somit Schaffender, Gestaltender, Künstler, während er sticht und ficht."[26] Der Krieger und der Künstler sind wesensverwandt. Krieg kann auch so verstanden werden. In den Sextner Dolomiten, traf alles zusammen, so klein diese Welt auch sein mochte. Es gab die größten Gemetzel im Dolomitenkrieg. An einem einzigen Tag, dem 6. September 1915, verloren allein die Italiener am Seikofel am Kreuzbergpass 1.000 Mann an Toten und rund 500 Mann an Gefangenen. Kaum ein Dorf der Dolomiten hatte so unter dem Krieg zu leiden und wurde so gründlich zerstört wie Sexten. Aber, es gab auch Einzelpioniere, Sepp Innerkofler, den legendären Bergführer, die wahnwitzige Eroberung der Sentinellascharte durch Italo Lunelli und Giovanni Sala, das kämpfende Mädchen Victoria Savs, den schießenden Feldkuraten Josef Hosp, Antonio Berti, den Arzt, Schriftsteller und Bergpionier, den Dichter Arthur von Wallpach. Das war der Stoff aus dem Legenden gesponnen werden konnten wie beim Kampf um Troja.
Arthur von Wallpach, 1866 in Vintl im Pustertal geboren, ist 50 Jahre alt, Schriftsteller und Lyriker, als er sich zu den Standschützen meldet und im Land der Drei Zinnen sein „heiliges Land" verteidigt. Er ist eine imposante Erscheinung, groß, breit mit wehendem Bart. Man wählt ihn zum Kommandanten der 3. Innsbrucker Standschützenkompanie. Dichtend und kämpfend feuert er das letzte Aufgebot an. Er preist die Mutter Erde: „Vermischt mit ihrem Staub, von Blut gefeuchtet, Sollst, heilige Heimat, du in Ehren thronen."[27] Er erinnert so an Homer. Nur dazwischen liegen einige tausend Jahre, und heute kommen uns die Ergüsse als schwülstig und überladen vor. Arthur von Wallpach zu seiner Zeit ein viel gelesener Dichter ist heute vergessen, vielleicht zu Unrecht. Er ist nicht allein. Zwar nicht an der Front, aber vom Hinterland aus feuert der Geistliche Anton Müller, besser bekannt als Bruder Willram, mit einem religiösen Würdenträger kaum zuzutrauender Verbissenheit seine Mannen an. 1870 wird er

Oben: Der legendäre Feldkurat Josef Hosp bei einer Messfeier für seine Standschützen am Fuße des Toblinger Knotens. Er gehörte zu jenen Feldkuraten die sich gleich einem Pater Haspinger im Jahre 1809 nicht nur um das religiöse Wohl der Soldaten kümmerte, sondern auch selbst in den Kämpfen eingriff. Mitte: Ein Beobachtungsposten am Schwabenalpenkopf - im Hintergrund die Drei Zinnen. Feldkurat Hosp beobachtet die italienischen Stellungen im Drei Zinnen-Gebiet. Oft bestieg Feldkurat Hosp höhere Gipfel hinter der Front, um die feindlichen Stellungen zu beobachten, Informationen zu sammeln und das tödliche Feuer der eigenen Artillerie auf die Gegner zu leiten. Unten: Dieselbe Stelle heute.

Bild oben: Alpini mit ihrem typischen Mantelumhang im Schneesturm. Hinter den Drei Zinnen lagen die italienischen Unterkünfte, zumeist bestanden sie aus einfachen Zelten.

in Bruneck geboren, wird zum Priester geweiht, nach Rom entsandt, um den Rest seines Lebens in Innsbruck zu verbringen. Er war wortgewaltiger als all die anderen, ein Lyriker von barocker Sattheit. „Gerungen wie die Helden, verblutet Mann für Mann! Nur Lieder werden melden, was Großes sie getan." Die Ernüchterung kam nach Kriegsende. Als zerknirschte Beichte. „Doch was tat man nicht alles in seiner Begeisterung – nicht für den Krieg als solchen – sondern für das Heldentum, das er gezeitigt hat!? – Und war es nicht immer – schon seit den Tagen der Antike – Sängers Recht, heroische Taten zu verewigen,..."[28] Das Unfassbare der nie erwarteten Niederlage setzte ihm und vielen anderen in tiefste Depression, die gemeint hatten, Gott kämpfe inmitten der eigenen Truppen.

Noch verwegener trieb es Feldkurat Josef Hosp. Das Drei Zinnen-Plateau wurde zu seinem „Missionierungsgebiet", die Berge zu seiner Kanzel. In einer Unverschämtheit, die selbst den Italienern im Ehrgefühl übel aufstieß, schoss der verwegene Geistliche - an vorderster Front kämpfend – die Italiener von Zinnen und Zacken. Er aber brüstete sich über seine Schussleistungen über alle Maßen, so als sei er von Gott erkoren, die Menschheit zu retten. „Schuß! ... der aufrecht Stehende wankt gegen die Ostseite, ein Schrei ... ein Sturz, ... der ist erledigt!" vermerkt er stolz in seinem allgegenwärtigen Tagebuch.

Der Toblinger Knoten, vor den imposanten Gebilde der Drei Zinnen gelegen, ein Niemandsland, tat es dem biederen Pfarrer an. Am 24. November 1915 las er noch die Messe, nachts aber trieb es ihn hinauf, zum persönlichen Eroberungskampf: „... und ich kletterte so weit als möglich auf den Südostgipfel, da er den besten Beobachtungspunkt bildet." Er notiert es in seinem Tagebuch, einem Feldwebel gleich. In der nächsten Nacht ist er wieder zur Stelle. Nun will er schon „ein Gipfelhüttchen samt Weg dazu bauen." Einen Monat später ersinnt er neue Pläne, um den ausgesetzten und nur für kühne Kletterer zugänglichen „Weg für Mindergeübte gangbar zu machen" Er befestigt Leitern und Drahtseile, sichert und schlossert. Und er staunt, dass ihn der Gegner, nicht schon längst unter Beschuss nahm. „Hätte er uns entdeckt, wären wir erledigt gewesen."

Oben links: Antonio Berti, Arzt, Schriftsteller und Bergpionier. Einige der alpinistischen Leistungen, ausgeführt von den kämpfenden Truppen, erregen auch heute noch Bewunderung. Oben rechts: Italienische Feldmesse am südlichen Abhang der Drei Zinnen. Links Mitte : In Santo Stefano, hinter dem Kreuzbergpass werden Bretter zum Bau der hoch gelegenen Stellungen sortiert. Wie gefährlich der Weg zu den Drei Zinnen war zeigt dieses verunglückte Fahrzeug. Unten: Essensausgabe auf italienischer Seite.

Und selbst am Drei-Königstag weilen seine Gedanken mehr bei der Gipfelbesetzung als bei Gott: „... an der obersten Leiter stand ich selbst und bugsierte Balken und Läden heraus." So füllte er sein Tagebuch, so erfand er von Tag zu Tag neue Kriegslisten. Er befahl die Soldaten und dirigierte. Und verschwand nach dem Krieg genauso in der Versenkung des Schweigens. War es das schlechte Gewissen, das ihn selbst verdammte?
In diesem Kampf um Anekdoten und Heldentaten gehört genauso der Husarenstreich der Italiener rund um die Eroberung der Sentinella-Scharte, zwischen Rotwand und Elferkofel gelegen. 2.717 m hoch lag sie, im Jänner 1916 wurde das waghalsige Unternehmen gestartet. Noch viele Jahre nach Kriegsende zog sich der Kampf um Ruhm und Ehre der beiden Hauptprotagonisten, Capitano Giovanni Sala, als Leiter des Unternehmens und Italo Lunelli, hin. Aus Trient stammte er, kämpfte aber auf der Seite der italienischen Alpinis, Raffaele Da Basso nannte er sich, um im Falle einer Gefangennahme als Deserteur nicht direkt am Galgen zu landen. Wer gilt im Krieg mehr: Der den Befehl gebende Vorgesetzte oder der den Befehl mit seinen Kameraden ausführende Leiter einer verwegenen Soldatentruppe. Ein gordischer Knoten, nicht nur in diesem Kampf. Noch im Jahr 1923 stritten sich beide Kontrahenten in eifrigen Wortgefechten um ihr Recht. Mehr als kriegsentscheidende Vorteile zu erzielen, war es ein Abenteuerkampf um die Bezwingung eines Berges. Am 31. Jänner 1916 huldigt Capitano Giovanni Sala glorreich die unter extremen Witterungsbedingungen auf fast 3.000 m Höhe kämpfenden Soldaten. „Einem Alpino froren die Arme förmlich ab. Die rechte Hand, blau und aufgebläht, reagierte auf nichts mehr. Sogleich begann ich ihn mit Schnee und Fett abzureiben und machte Gelenksübungen, um seine Blutzirkulation wieder anzuregen. Aber der Alpino zeigte sich davon nicht sonderlich beeindruckt, dass sein Arm wie abgestorben war und schlug ihn mit aller Kraft gegen den Felsen, um sich zu vergewissern, ob er überhaupt noch Schmerzen empfand."[29]
Den ganzen Winter über ist es mehr ein Kampf gegen den Berg und seine bergsteigerischen Tücken, als ein Kampf gegen den Feind. Die Italiener lassen sich nicht von Lawinengefahr abhalten, auch nicht vor Kälte und Sturm. Unter strengster Geheimhaltung, mit weißen Tarnanzügen fallen sie den überraschten österreichischen Truppen in den Rücken und nisten sich auf dem Elfer und der Rotwand - fast 3.000 m hoch - fest. Über 300 Meter stürzt der Alpino Coutandin vom Elfer über eine steile Schneerinne in die Tiefe. Er überlebt unverletzt. Die Eroberung der Sentinella-Scharte wurde zu einem kleinen aber lang ersehnten Sieg und war Balsam für die italienische Kriegspropaganda. Auch wenn die Stellungen hoch oben nur Platz für wenige Verteidiger boten, Holz, Proviant, Geschütze unter schwersten Bedingungen in die Höhe geschafft werden mussten, die Baracken förmlich an die Felsen geklebt wurden. Der italienische König höchstpersönlich ließ es sich nicht nehmen, nach Santo Stefano ins Cadore zu kommen, um der glorreichen Truppe zu gratulieren.
In diesem Kampf, zusammengesetzt aus tödlichem Ernst und Abenteuer geht es weiter. Im April 1917 sind es wiederum die Österreicher, die einen Husarenstreich wagen wollen. Unscheinbar liegt der Sextenstein vor den Drei Zinnen, umkreist von den Stellungen der Italiener. Von dem wollen die Kaiserjäger Besitz ergreifen. Der Kommandant des Standschützenbataillons Innsbruck I, Major An der Lan ist

Die Sextner Rotwand

An der Wurzbach-Stellung unterhalb der Sextner Rotwand befand sich eine Gruppe von mehreren Holzbaracken für die österreichischen Soldaten, die in diesem Kampfabschnitt kämpften. Bei warmem und sonnigem Wetter im Sommer mag heute der Aufenthalt in dieser Höhe fast wie ein Urlaub erscheinen, doch darf man nie vergessen, dass überall Gefahren drohten. Einmal der Feind mit gezieltem Artillerie- und Scharfschützenfeuer und dann die Natur. Im Sommer mit gewaltigen Gewittern, die über die Bergmassive fegten und im Winter tagelanges Schneetreiben mit daraus folgenden Lawinen. Oft waren die Soldaten im Winter mehr beschäftigt sich selbst und die Unterkünfte vom Schnee zu befreien als den Feind zu bekämpfen. Meist ruhte deshalb der Kampf gänzlich. Beide Seiten hatten einen gemeinsamen Feind: Die Natur, meterhohen Schnee, Kälte und Lawinen.

gegen die Eroberung dieses Berges, taktisch wertlos sei der Felsen. Die Kampfabschnittkommandanten drängen auf seine Besitznahme, ausgeführt durch einen trojanischen Geniestreich. Durch den meterhohen Schnee wollen sie einen Tunnel graben, die Italiener damit überraschen. Anfang April beginnen sie mit dem Bau des Stollens. Die Grabenden verfehlen den Weg, driften gegen die Felsen, drohen abzustürzen. Mit einem feinen Draht stechen sie in die Höhe, sie korrigieren die Strecke, bis sie ganz nahe an den italienischen Stellungen sind. Am 21. April 1917 durchstoßen die Österreicher die Schneedecke hinter den feindlichen Linien und erobern für kurze Zeit den Sextenstein. Schütze Karl Ausserer staunt über den Angriff: „In den meisten Kavernen schliefen noch die Italiener und mussten erst geweckt werden. .... Manche von ihnen kamen uns in Hemd und Hose, andere in Bluse und Unterhose, ohne Gewehr, andere, in der einen Hand das Gewehr, in der anderen die Schuhe haltend, entgegen und fragten uns, was los sei."[30]

Der Angriff ist gelungen. Für kurze Zeit nur. Mangel an Munition macht sich alsbald bemerkbar. Sie geben Zeichen, man möge Nachschub schicken. Sie feuern den letzten Schuss. Von überall her tauchen plötzlich Italiener auf, es gibt Tote und Verletzte. Die Schützen weichen zurück und stolpern im Schneetunnel über Kisten von Handgranaten und Gewehrmunition, die man dort einfach hingeworfen hatte. Wenige erreichen heil den Ausgangspunkt des mit so viel Enthusiasmus gestarteten Unternehmens. Viele werden von den Italiener gefangen, kommen zu Tode, werden schwer verletzt.

Es sind Episoden eigenartigen Heldentums, auf beiden Seiten. Verklärte Mythen und Legenden. Wie in einem Buch der Sagen liest man von diesen Taten, und man verdrängt zumeist, dass hier Menschen starben, litten, hungerten. Wäre all dies nicht vorgefallen, wir würden von diesen Menschen nichts mehr berichten. Sie wären vergessen. So aber haben sie sich in die Bücher der Geschichte gerettet. Und in diesem Ringen konnte es nicht ausbleiben, dass auch Frauen eine Rolle zu spielen begannen. Viktoria Savs, sechzehnjährige Tochter von Peter Savs will mit an die Front. Der Vater versucht abzuwehren, zeigt die Gefahren auf, wendet noch ein, dass es keine einzige Frau gäbe, die mit einem Gewehr bewaffnet in den Stellungen ausharre. Es hilft alles nichts. Persönlich schreibt Viktoria an Erzherzog Eugen und sucht um eine Ausnahmegenehmigung an; was niemand für möglich gehalten hätte, trifft ein: Sie wird aufgenommen. Im Juni 1915 ziehen Vater und Tochter Savs in den Krieg. Freiwillig meldet sich Viktoria Savs zu allem, wonach Bedarf besteht. Im April 1917 eskortiert sie unter Trommelfeuer Dutzende italienische Gefangene zu ihrer Truppe. Überall spricht sich der Mut, aber auch der Kameradschaftssinn des tapferen Soldaten Viktor Savs herum.

Es kommt der 27. Mai 1917. Viktoria meldet sich zu einem Meldegang. Sie klettert behände über die Felsen dahin. Doch dann plötzlich ein furchtbares Rollen und Schlagen, eine Granate donnert knapp oberhalb an die Felswand, explodiert, und ein tonnenschwerer Felsblock löst sich. Viktoria fühlt einen fürchterlichen Schmerz, spürt, dass sich ihr rechter Fuß nicht mehr bewegen lässt. Das rechte Bein hängt nur mehr an ein paar Sehnen unterhalb des Knies. Dann wird Viktoria vor Schmerzen ohnmächtig. Als sie wieder erwacht, hat sie noch die Kraft, ihr Taschenmesser aus dem Anorak zu ziehen und zu versuchen, den kaum hängenden Fuß abzuschneiden. Endlich kommt Hilfe. Notdürftig wird sie verbunden.

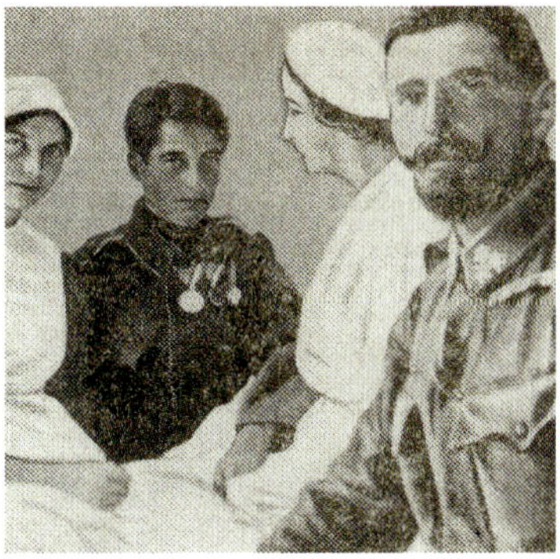

Viktoria Savs im Winter 1916 bei einem gefährlichen Meldegang am Zinnenplateau. Nur wenige Offiziere wussten etwas über die Herkunft des »Kriegsfreiwilligen Viktor«, der in der gleichen Einheit wie der Vater diente. Im Feldlazarett lässt es sich nicht mehr länger verheimlichen, dass der Soldat Viktor ein Mädchen mit Namen Viktoria ist. Oben Mitte: Der Vater (im Vordergrund) tröstet die tapfere Frau. Als Viktoria Savs 1979 stirbt, erinnern sich nur mehr wenige an das »Heldenmädchen der Drei Zinnen« mit ihren Auszeichnungen und Tapferkeitsmedaillen.

†

Ergeben in den Willen Gottes geben wir bekannt, daß meine liebe Schwiegermutter und Schwester, Frau

VIKTORIA SAVS

„Das Heldenmädchen von den 3 Zinnen"
Trägerin der großen Silbernen Tapferkeitsmedaille
und mehrerer Kriegsauszeichnungen (1914–1918)
Mitglied der Kameradschaft Salzburg-Stadt
der Tapferkeitsmedaillenträger Österreichs
der Freiwilligen Schützen
des Verbandes der Südtiroler in Salzburg

am Montag, dem 31. Dezember 1979, versehen mit den Tröstungen der heiligen Kirche, im 81. Lebensjahr im Herrn entschlafen ist.

Wir verabschieden uns am Montag, dem 7. Jänner 1980 um 16 Uhr in der Aussegnungshalle auf dem Kommunalfriedhof in Salzburg.

Die heilige Seelenmesse feiern wir anschließend um 19 Uhr in der Stadtpfarrkirche von St. Martin.

In Liebe und Dankbarkeit:

KARL WINTER

Schwester IRMA — HEDDA und BERTA

mit ihren treuen Freunden und Bekannten

Wie sie in einem primitiven Feldlazarett in Sillian aufwacht, kann sie sich an nichts mehr erinnern. Um sie herum sieht sie überall staunend blickende Männer. Das Geheimnis ist gelüftet: Der tapfere Soldat Viktor Savs ist eine Frau. Sie lässt ihren spannungsgeladenen Blick hinuntergleiten. Wo einst ihr rechtes Bein war, sieht sie nur mehr einen kläglich verbundenen Stumpf. Man ehrt sie mit der Großen Silbernen Tapferkeitsmedaille, allmählich erfährt die Truppe, wer der Soldat Viktor wirklich war, und ehrfurchtsvoll spricht man vom "Heldenmädchen von den Drei Zinnen". Im Chaos und den Wirrnissen der Nachkriegszeit gelangt Viktoria Savs als Staatenlose nach Salzburg. Viktoria Savs fristet ihr Dasein, vergessen von allen, mit dem Hunger als ständigen Begleiter, ohne Invalidenrente. Sie gilt als staatenlos, muss ihr Schicksal tragen, bis sie im Jahr 1935 jenen Mann in prunkvoller Uniform vorbeigehen sieht, an dem sie einst als sechzehnjähriges Mädchen den Brief um Aufnahme als Frontsoldat geschrieben hatte: Erzherzog Eugen. Sie wankt und zögert, dann fasst sie all ihren Mut zusammen und baut sich vor dem in Feldmarschalluniform dahin schreitenden greisen Erzherzog auf. Demütig bittet sie in ihrer bodenlosen Not um nichts anderes, als Bürgerin jenes Staates sein zu dürfen, für den sie bereit war, ihr Leben zu opfern.

In diesem Ringen konnte deshalb eine Übergestalt nicht fehlen. Sie musste kommen. Geehrt zu werden von beiden Krieg führenden Parteien. Sepp Innerkofler hieß der für beide Seiten annehmbare Held. Wie Odysseus.

Er ist schon 50 Jahre alt, als er sich mit seinem 19jährigen Sohn Gottfried freiwillig für die Dolomitenfront meldet. Für einen Waffendienst hatte man ihn vorher nie für geeignet befunden, nie hatte er eine militärische Ausbildung erfahren. Er galt als einer der letzten großen Pioniere der Sextner Bergführergilde, der als unnachahmlicher Kenner des Gebietes eine Unzahl von Erstbegehungen durchgeführt hatte. Auch in finanziellen Belangen hatte er eine glückliche Hand: Schon 1895 hatte er die Helmhütte, ein paar Jahre danach auch die Drei-Zinnen-Hütte zur Bewirtschaftung übernommen, später kam noch die Zsigmondy-Hütte dazu. Im Tal unten nannte er den »Dolomitenhof« sein eigen. Sepp Innerkofler führt Tagebuch, eine Biographie des Alltäglich-Schrecklichen. Bis einen Tag vor seinen Tod. Am 19. Mai 1915 rückt er ein, am 22. Mai fährt er mit „Ski herrlich herunter bis zum Talschluß" und macht noch „drei Tänze". Einen Tag später, der Tag der Kriegserklärung sieht er schon die ersten Italiener, der auf ihn schießen wollen, aber er fühlt sich unverwundbar. „Fürs erste haben wir ihn zuerst gesehen, fürs zweite hätte er mich sicher nicht getroffen, da er viel zu aufgeregt war." Am 24. Mai fallen die ersten Schüsse. „.. ich habe mir das Geschäft viel flotter gedacht, nicht nur einzelne Schüsse!" Mit Humor und Heiterkeit eilen die Tage. Die Psyche des einzelnen Soldaten zu ergründen spielt gerade dort eine Rolle, wo dieser nicht Massenmensch ist. In den Bergen ist das leichter der Fall, als in der weiten Ebene. Am 25. Mai brennt seine Drei Zinnen-Hütte. „Unter uns Feuer und wir oben zittern vor Kälte" schreibt er lakonisch und ihm kommt „...das Ganze mehr interessant als gefährlich und schrecklich vor."

Sehr schnell beginnt aber auch hier das Sterben. Am 5. Juni kümmert er sich um einen Verwundeten, der einen Bauchschuss hat. „Er sagte, es geht nicht schlecht" doch „3 Minuten später war der arme Teufel gestorben. Den mit dem Kopfschuß trugen sie nach Innichen. Wir glaubten, dass wir denselben hinuntertragen müßten, denn die Sanitäter machen

Der Enkel von Sepp Innerkofler, Gottfried, zeigt stolz ein Bild seines Großvaters. Sepp Innerkofler war Bergpionier, Gastwirt und sah es als seine Pflicht an, mit Kriegsbeginn sich in den Dienst der Vaterlandsverteidigung zu stellen. Mitte: Sepp Innerkofler mit seiner legendären fliegenden Patrouille. Das Foto - obwohl winterliche Verhältnisse vortäuschend - wurde im Juni 1915 am Drei Zinnen-Plateau gemacht. Bald danach starb Sepp Innerkofler. Bergführerabzeichen von Sepp Innerkofler. Auf diese Insignien legte man großen Wert. Piero de Luca, angeblich für den Tod von Sepp Innerkofler verantwortlich, in einer seltenen Aufnahme am Paternkofel. Nach dem Krieg wanderte er, aufgrund von Dorfstreitereien, nach Südamerika aus. Dort verlieren sich seine Spuren.

nichts als schlafen und fressen." Es ist die Chronik des Krieges. Unaufhaltbar fraß er sich Tag um Tag weiter.
Am 3. Juli 1915 wird der mittlerweile dekorierte und zum Oberjäger ernannte Sepp Innerkofler zum Hauptmann von Wellean zitiert. Es wäre eine waghalsige und wichtige Aufgabe auszuführen: Die Eroberung des Paternkofels stünde im Mittelpunkt der Unternehmung, und nur ausgesuchte und bergsteigerisch Erfahrene würden dafür herangezogen. Sepp Innerkofler ist damit überhaupt nicht einverstanden; er weiß, wie schwierig eine Eroberung des Gipfels werden könnte, dazu kennt er die Schwierigkeiten seiner Besteigung. Dem Feind würde es von oben her immer wieder möglich sein, direkt in die Felsen einzusehen, während die Hinaufkletternden wehrlos den Steinlawinen und Gewehrkugeln ausgesetzt seien. Er würde keine Verantwortung für das Misslingen und die Sicherheit seiner Kameraden auf sich nehmen. Schließlich lässt er sich trotzdem überreden, legt sich kurz zur Ruhe, um sich schon kurz nach Mitternacht mit einer Gruppe Ausgewählter an der zerschossenen Drei-Zinnen-Hütte einzufinden.
Bei sternenklarer Nacht beginnt man um ein Uhr früh unter lautloser Stille den Marsch. Bald stellen sich die ersten Schwierigkeiten in den Weg: Einige Leute gleiten aus, rutschen, doch wie durch ein Wunder verletzt sich niemand.
Es fallen die ersten Schüsse von unten. Die neun Mann des italienischen Alpini-Bataillons Val Piave unter dem Korporal Da Rin fahren hoch. Sie ahnen nicht, dass dies nur ein Täuschungsmanöver der Österreicher ist, um die Italiener vom Vorhaben der eigenen Mannschaft abzulenken. Lautlos klettern Sepp Innerkofler und seine fünf Männer mit Kletterschuhen, jede sie hemmende Ausrüstung zurücklassend, hinauf. Durch einen Kamin wuchten sie sich gegen den Gipfel hoch; es fehlen nur mehr wenige Meter. Es ist acht Uhr morgens, als Sepp Innerkofler als erster, dann Forcher und Rapp aus dem Kamin herausklettern. Von der plötzlichen Ruhe stutzig geworden, schaut ein Alpino auf die darunter liegenden Felsen und erspäht erschrocken Sepp Innerkofler. In Panik schießt er nach unten und wirft eine Ladung Steine nach, welche polternd von Felsen zu Felsen sausen. Nur mit Mühe gelingt es den unten Kletternden, Schutz zu suchen.
Sepp Innerkofler zieht eine Handgranate hervor und versucht sie auf die italienische Stellung am Gipfel zu werfen. Sie aber explodiert nicht, und auch die folgenden fallen nur dumpf auf. Schüsse fallen, der Alpino Piero de Luca wirft einen Felsblock in die Tiefe. Dann herrscht Ruhe. Die Kameraden sehen Innerkofler nicht mehr, und wie sie suchend weiterblicken, entdecken sie rot gefärbte Steine. Dann einen leblosen Körper. Wie benommen erkennen die Gefährten die Aussichtslosigkeit ihrer Lage. Sie sind nur mehr ihrer zwei: Josef Taibon und Franz von Rapp. Wie im Traum beginnen sie nach unten zu klettern, ducken sich an die Felsen und warten, als ihre Lage immer aussichtsloser wird, auf das Einbrechen der Dunkelheit.
Zwei italienische Soldaten, Loschi und Vesello, steigen langsam und unter Lebensgefahr zu der Stelle hinab, wo der Leichnam Sepp Innerkoflers liegt. Sie erkennen in ihm den berühmtesten Bergführer seiner Zeit. Mit Mühe seilen sie den leblosen Körper in die Höhe und bringen ihn zum Gipfel, wo sie ihn unter Anteilnahme und Würdigung seiner Taten begraben. Ein einfaches Holzkreuz wird unter Zuhilfenahme des Kletterseiles Innerkoflers zusammengeflochten, mit krakeliger Schrift der Name darauf geschrieben: »Sepp Innerkofler – Guida« (Bergführer).

Als im Herbst 1917 die italienischen Linien in den Dolomiten langsam bröckelten, wurde auch der Paternkofel geräumt, so dass man sich daran machen konnte, das Grab von Sepp Innerkofler aufzusuchen. Die hohe Schneelage ließ jedoch noch keine Bergung zu. Erst im Jahr 1918 stiegen Freunde auf den Gipfel und fanden dort ein schlichtes Holzkreuz mit der Aufschrift »Sepp Innerkofler – Guida«. Das Grab wurde freigelegt, die Überreste in einen mitgebrachten Sarg gelegt und unter Mühen über die Wand abgeseilt. Heute noch erinnert ein bronzenes Ehrenmal neben der Drei Zinnen-Hütte an den Bergführer.

"Blind husband", Sepp Innerkofler (Bild mitte) gewidmet, kommt 1919 in die amerikanischen Kinos. Regisseur war der um 1910 in die Vereinigten Staaten ausgewanderte, und dort zu Weltruhm gelangte Erich von Stroheim. (Bild rechts)

Sepp Innerkofler, Filmstar

Sehr schnell wird Sepp Innerkofler zur Legende. Kaum war der Erste Weltkrieg in Europa beendet, blüht das Medium Film richtig auf. Allen voran Erich von Stroheim, ein gebürtiger Österreicher, (1885-1957), der um 1909 in das gelobte Filmland, die Vereinigten Staaten, ausgewandert und dort zu einem der anerkanntesten Regisseure wird. 1919 kommt »Blind husband«, die Geschichte der »blinden Ehemänner«, heraus. Es ist ein Film, der Sepp Innerkofler, dem »berühmtesten Bergführer der Welt«, gewidmet ist. Der »Silent Sepp«, der »schweigsame Sepp«, wird zum Sinnbild des Bergführers in den Dolomiten. Alle Aufnahmen der Dolomiten werden in den Bergen Kaliforniens gedreht, man geht sogar über, das Dolomitenstädtchen Cortina nachzubauen. Nicht der Tod des Sepp Innerkofler steht im Mittelpunkt der Handlung in diesem Film, sondern die stille charismatische Art des Bergführers.

Der Tod des Sepp Innerkofler sollte erst einige Jahre später eine Rolle spielen. Arnold Fanck, der Erfinder des Bergfilms, schreibt wie ein Verbissener an einem Dolomiten-Kriegsfilm. Der Film sollte »Die schwarze Katze« heißen. Eingeflochten in das Drama wird eine erfundene Begebenheit rund um Christel, der Tochter von Sepp Innerkofler. Es sollte eine Rolle maßgeschneidert für Leni Riefenstahl, eine der großen Frauen des 20. Jahrhunderts, Filmregisseurin, Hitlers reizendeste Anbeterin und Schauspielerin, werden. Das Drehbuch findet allgemeine Begeisterung. Schon werden die ersten Verträge abgeschlossen, da platzt wie eine Bombe die Nachricht herein, dass der Grödner Bergfilmregisseur Luis Trenker, an einem Film arbeite, der fast die gleiche Handlung aufweist: »Berge in Flammen«. Der Rest ist Geschichte. Luis Trenkers Film "Berge in Flammen" wird ein Welterfolg, "Die schwarze Katze" wird nie gedreht. Trotzdem ist es das Drehbuch wert, darauf näher einzugehen.

Den Monte Santo, einen wild zerrissenen Felsturm in den Dolomiten, wollen die italienischen Mineure in die Luft sprengen. Es gibt nur mehr eine Rettung für die Bergführer-Kompanie der Kaiserjäger: Herauszufinden, wo sich der genaue Eingang befindet. Freiwillig meldet sich Sepp Innerkofler, zu diesem gefährlichen Unternehmen und mit ihm auch seine siebzehnjährige Tochter Christel. An der schwierigsten Stelle, bittet er seine Tochter, ihn mit dem Seil zu sichern. Doch schon gewahren die Italiener von unten den einsamen Kletterer und beginnen sich einzuschießen.

Plötzlich zuckt der Körper des bekannten Bergführers zusammen, bäumt sich auf und stürzt lautlos in die Tiefe. Sepp Innerkofler ist tot. Schon nahen die italienischen Mannschaften, allen voran Offizier Bolvara, um den oben stehenden österreichischen Soldaten gefangen zu nehmen. Langsam hebt der italienische Offizier den Stahlhelm in die Höhe und blickt in das Gesicht eines Mädchens. Wie Funken sprühen aber Bolvara die mit Hass erfüllten Blicke der »schwarzen Katze« entgegen. Sie wird als Gefangene abgeführt. In einem italienischen Internierungslager reift in ihr der Plan, Spionin zu werden. Unter abenteuerlichen und tollkühnen Umständen entflieht sie dem Gefängnis. Sie will auf eigene Faust auskundschaften, wann der Monte Santo in die Luft gesprengt werden soll. Doch nur eine einzige Person weiß den genauen Zeitpunkt der Sprengung: der italienische Offizier Bolvara.

Weder Christel ist dieser Name bekannt, noch weiß der italienische Offizier, dass dieses Mädchen nun als Spionin in Rom arbeitet. Seit ihrem ersten schicksalhaften Zusammentreffen am Monte Santo sind beide unbewusst in gegenseitiger Liebe und Zuneigung entbrannt. Tatsächlich findet sie eine Skizze der italienischen Bohrung. Plötzlich fällt ihr ein abgegriffenes und halb zerstörtes Bild auf – ihr eigenes Porträt – und sie erschauert im Wissen, dass auch sie von diesem Mann, dem Gegner geliebt wird. Am nächsten Tag sitzt sie schon im Zug in Richtung Heimat. Mit offenen Armen wird sie von ihren Leuten am Monte Santo empfangen. Die Lage ist hoffnungslos. Es bleibt nur mehr ein einziger Ausweg. Christel verkleidet sich als italienischer Soldat und steigt hinunter zu den italienischen Truppen. Sie erkennt den Offizier Bolvara, wirft sich an seine Brust. Mit einer List entzündet sie den Sprengstoff. Eine Minute bleibt für ihre gegenseitige unerfüllte Liebe, eine zeitlose Ewigkeit, dann bricht der Berg in sich zusammen, alle in den Tod reißend.

Leni Riefenstahl. Eine der großen Frauen des 20. Jahrhunderts. Als Regisseurin der Filme "Triumph des Willens" und "Olympia" wurde sie weltberühmt. Geplant war auch einen Film über Sepp Innerkofler im Ersten Weltkrieg zu drehen.

Ein Gruppenbild vor dem gefährlichen Fronteinsatz. Standschützen des Bataillons Welsberg (oben) und Truppen der Gendarmerieassistenz posieren sich vor dem Fotografen in Toblach. Den Hintergrund bildet ein gemalter Monte Cristallo. Zu tausenden wurden solche Aufnahmen gefertigt, sehr oft als letztes Bild des Einrückenden vor dem Tod. Die Fotografen hatten Hochkonjunktur.

Die zerstörten Dörfer

Anfänglich verschonten die italienischen Truppen noch das Bergsteigerdorf Sexten. Mit ihren Fernrohen stellten sie fest, dass die Bevölkerung ihrer täglichen Arbeit nach ging, und so bestand keine Ursache für Bombardements. Doch schnell werden sie von den österreichischen Truppen mehr als provoziert. Hingenommen wurde zwar, dass sich höhere Offiziere in den noblen Hotels des aufstrebenden Touristenortes einquartierten, Kommandostellen vornehm speisten, ihrem Rang entsprechenden Komfort haben wollten. Alsbald wird das Fass zum Überlaufen gebracht. Am 31. Juli 1915 zieht das Infanterieregiment Nr. 14 in Sexten ein. Sie lagern, als sei der Feind meilenweit entfernt, in voller Stärke, bei helllichtem Tag und von den Italienern klar eingesehen im Zentrum des Dorfes. Es ist eine Dummheit und Provokation ersten Ranges. Eine 15-cm-Granate wird in Zielrichtung Sexten abgefeuert, soll die Truppen treffen, verfehlt das Ziel und trifft das Haus des Bürgermeisters. Die Tochter wird sofort getötet, seine Frau schwer verletzt. Doch noch immer lassen sich die österreichischen Truppen nicht beirren. Einen Tag danach, - es ist Sonntag - halten sich eine Unzahl von Soldaten bei Wein und Bier im Gasthof "Post" auf. Eine italienische Granate trifft die Veranda voll.

Leutnant und Bataillonsadjutant Anton von Mörl ist erschüttert: "Die Wirkung war grauenhaft. Sieben Leute waren sofort tot, neun andere verwundet. Ein Mann

Im Inneren der Kirche von Sexten herrscht Verwüstung. In letzter Sekunde konnten noch viele kostbare Schätze aus dem brennenden Gebäude gerettet werden, aber die Schäden waren gewaltig. Noch zu Kriegszeiten setzte der Wiederaufbau ein.

Truppen retten aus dem brennenden Sexten, was es noch zu retten gibt. So gibt der im Vordergrund mit der Bassgeige dahin schreitende Soldat ein Bild schwarzen Humors. Aber auch Innichen und Toblach hatten unter den zielgerichteten Bomben zu leiden. Ein Volltreffer zerstört in Innichen neben der Michaelskirche den ehrwürdigen Gasthof "Rössl", in Toblach ist es das Hotel Ampezzo, dem seine Nähe zum Bahnhof zum Verhängnis wird.

stürzte Hilfe rufend aus den Trümmern und hielt seine Eingeweide in den Händen. Er und noch ein anderer starben bald."[31]
Das sollte erst der Anfang sein. Vorerst einmal wurde der Befehl zur Räumung des Ortes erteilt. Von den 1500 Einwohner Sextens waren 500 Männer ohnehin schon im Kriegseinsatz, und so blieben von der männlichen Bevölkerung nur mehr Kinder und Greise übrig. Verwandte und Bekannte im Pustertal sollten ihnen eine notdürftige Bleibe verschaffen. Es kommt der 12. August 1915. In der Pfarrkirche von Sexten vermuten die italienischen Truppen ein Munitionsdepot. Sie schießen sich auf die Kirche ein, feuern Sprenggranaten, dann Brandgranaten. Der Feldgeistliche Reinhold Rainalter eilt herbei. "Das Feuer nahm rasch an Ausdehnung zu, erfasste den Pfarrhof, und bald schossen prasselnd und zischend Feuersäulen aus den umliegenden Häusern und Scheuen. Ein schriller, wimmernder Ton, - die Glocken stürzten von der Höhe zu Boden."32 Die herbeigeeilten Soldaten können wenig tun, sie werden vom Geschützfeuer vertrieben. Die ganze Nacht über tobt der Brand, am Morgen lagern "riesige Rauchsäulen über einer glimmenden Brandstatt von friedlichen Siedlungen." Die Kirche und zweiundzwanzig Häuser waren ein Raub der Flammen geworden. Dem noch nicht genug. Die Reichweite der Geschütze wurde gesteigert, über Kilometer konnten sie ihre Ziele treffen. Die so wichtige Nachschublinie, die Pustertaler Bahn, bildet ihr Ziel. Sie versuchen die Bahnhöfe von Toblach und Innichen zu treffen, legen manch Haus in Schutt und Asche. Und vertreiben auch die Bevölkerung, die ohnehin schon hungert.

Eine italienische Granate zerstört das Hotel Post im Zentrum von Sexten und tötet sieben Menschen, verletzt neun weitere schwer. Das Foto oben wurde nach dem Granattreffer gemacht. Unten: Der Besitzer des Hotels, Hans Stemberger, steht vor den Trümmern seines Hauses. Die Geschütze waren schon damals in der Lage über viele Kilometer ihr Ziel zu treffen. Zwar wurde Sexten von allen Gemeinden an der Dolomitenfront am meisten in Mitleidenschaft gezogen, aber auch Innichen, Toblach, Cortina und die Dörfer in Buchenstein werden dabei schwer getroffen.

Die handkolorierten Bilder zeigen die Verwüstungen in Sexten. Schon in den ersten Augusttagen wurde Sexten durch Brandgranaten und anderem schweren Geschütz beschossen. In der Nacht vom 3. zum 4. August 1915 musste die Bevölkerung den Ort verlassen und auswandern. Am 12. August 1915 dann der Beginn der Katastrophe. Die Pfarrkirche und alle umstehenden Wohnhäuser, 22 an der Zahl werden ein Raub der Flammen. Die Löschmannschaften können im Granatfeuer der gegnerischen Geschütze nur sehr wenig ausrichten.

Die Spitze des Kirchturms fiel herunter, der lateinische Spruch an der Uhr "Omnes vulnerant, ultima necat" (Jede verwundet, die Letzte tötet) wurde schicksalhaft zwei geteilt. "Die Letzte tötet" blieb als schauriges Andenken übrig. Auch der Nachbarort Moos wurde zum Großteil zerstört. Siebzehn Gebäude brannten dort vollkommen nieder, die Kirche wurde ein Raub der Flammen. Zwangsrekrutierungen, Diebstähle und Ernteausfälle auf der einen Seite, der Gegner mit seinen Geschützen auf der anderen Seite, führten zu einer Verarmung des aufstrebenden Fremdenverkehrsortes.

Alles was nur irgendwie imstande war Hilfsdienste zu leisten, wurde in diesen Zeiten der Not zu Hilfe gezogen. Ausgehungerte Esel ziehen Wägen mit notdürftig geschnittenen Holzrädern für den dringend benötigten Nachschub von Innichen nach Sexten, in Sand in Taufers sind es Hunde, die nach dem Ausfall von Rössern, Rindern und Eseln den Nachschub sichern.

In Niederdorf wurde eine Feldbäckerei aufgebaut, um die Nachschubmannschaften und die an der Front kämpfenden Truppen zu versorgen. Ab 1916 werden die Grundnahrungsmittel rationiert, die Lebensmittel werden knapp, die Preise schnellen in die Höhe. Dazu kommen noch strenge Vorschriften zur Ablieferung der Lebensmittel. Unten: Im ärgsten Schneetreiben warten diese Soldaten am Monte Piano auf die Essensausgabe.

Vom Winde verweht

Immer mehr verschwinden die Narben des Krieges in der Landschaft. Die Natur erobert sich langsam die von den Menschen zerschossenen und zergrabenen Berge zurück. Selbst die Denkmäler verlieren mit den Jahren an Bedeutung und werden sich selbst überlassen. Oben: Verfallendes Kriegerdenkmal am Monte Piano. (Oben)

Rechts: Reste der Artilleriestellung am Rauchkofel nördlich des Monte Piano. Im Hintergrund der Markusfelsen, wo sich die italienischen Stellungen befanden. Um besseren Schutz vor dem Artilleriefeuer zu haben, wurden die Stützpunkte und Unterkünfte immer tiefer in den Felsen gebaut. So entstanden oft lange und große Galerien, in denen die Soldaten in Sicherheit auf die Kämpfe zuwarten konnten. Oben: Reste einer im Fels gebauten Mannschaftsunterkunft am Monte Forame in der Cristallo-Gruppe. Um die Verbindung zwischen den einzelnen Stellungen auf den verschiedenen Gipfeln zu sichern, wurden regelrechte Steige mit Brücken, Stiegen und Leitern in die Felswände gehauen. Mitte: Reste eines gesicherten Zustieges auf die Sextner Rotwand. Unten: Tonnenweise wurde an der Front Stacheldraht zur Sicherung vor feindlichen Überraschungsangriffen verlegt. Als Alarmglocken dienten mit kleinen Steinen gefüllte Blechbüchsen, die am Stacheldrahtverhau befestigt wurden und mit lauten Geklapper jegliche Bewegung meldeten. Überall trifft man heute noch Reste von Stacheldraht in den Bergen.

Das Schreiben der einfachen Leute

Was im Großen geschah, wissen wir schon lange, die Gefühle der einfachen Menschen, der Bauern und Handwerker blieb uns unbekannt. Meist schrieben sie nicht viel und wenn, dann war es, als sei es ihnen mit der Zange entrissen worden. Und doch bilden diese Tagebücher heute noch eine unerschöpfliche Fundquelle des Denkens und der innersten Seele des Großteils der Bevölkerung. Peter Jungmann aus Sand in Taufers wird einberufen. Penibel führt er Tagebuch. Dies war streng verboten und wer entdeckt wurde, hatte harte Bestrafung zu erwarten. Man befürchtete, dass die Aufzeichnungen in Feindeshand fallen könnten und dort eine Quelle zu Hintergrundinformationen bildeten. Ein Bleistift für die Feldpost war jedem erlaubt. Deswegen wurden sehr oft die kurzen täglichen Aufzeichnungen auf einfache Zettel geschrieben, um sie dann daheim bei Urlaub mit Schönschrift in ein Heft zu übertragen. Drei Tagebücher sollen diese Welt im Kleinen verdeutlichen helfen. Sie taten alle Dienst im Höhlensteintal und der Plätzwiese. Und trotzdem hat jeder den Krieg auf seine Art und Weise erlebt und empfunden. Das menschliche Spektrum des Daseins wird so abgedeckt, von den Gedanken an Selbstmord bis zur Trauer über den Verlust lieber Menschen und dem Glück noch einmal einem großen Unglück entronnen zu sein.
Wie viele andere Tagebücher bildet auch jenes von Peter Jungmann eine Welt im Kleinen. Die Angst vor dem Ungewissen steht im Vordergrund. Schon am ersten Tag, dem 30. Juni 1915, hat der ältere Standschütze Probleme beim langen Marsch zur Sennes Alpe. ".... ich blieb zurück". Dann geht es weiter auf die Plätzwiese. Am 5. Juli werden ihm der Horror des Krieges hautnah vor Augen geführt. "5 Uhr früh kam ein deutsches Flugzeug und bald darauf hört man Kanonendonner und Gewehrfeuer. Dann sausten den ganzen Tag Schrapnel hin und her aber viele von den italienischen Schrapnels explodierten nicht. Nur einen Treffer erzielten sie, von der unsrigen Batterie waren 3 Mann tot und 2 schwer verletzt." Unter diesem Dauerdruck geht es auf der Plätzwiese weiter. 20. Juli "Abends beschoß unsere Schützengräben der Wälsche mit Granaten, wo-

Alois Unterkircher, vor dem Krieg als Kaiserjäger. Bruchstückhafte Aufzeichnungen sind von ihm erhalten geblieben.

von einige ganz nahe einschlugen, ohne daß sie irgendeinen Schaden oder eine Verwundung anrichteten, also augenscheinliche Hilfe von Gott." Jungmann sucht Zuflucht bei Gott. 21. Juli "Oh wie froh bin ich, daß ich wieder einmal die Hl. Sakramente empfangen und der hl. Messe

Peter Jungmann aus Sand in Taufers rückt als Standschütze in den ersten Kriegstagen ein. Zu Allerheiligen, kann er als gealterter Mann wieder seine Kinder in die Arme schließen. Die traditionellen gebackenen "Allerheiligenrösser" fallen aber dieses Jahr aus.

beiwohnen konnte." Endlich am 8. August kann er in Bad Alt Prags "ein ordentliches Bad nehmen und mich reinigen". Am 10. und 11. August schlägt "der Blitz in einen Sanitätsunterstand" ein und verletzt mehrere Menschen. Dann am 24. September wechselt Jungmann nach Kartitsch. Er kränkelt. 1. November: "Seit einiger Zeit verspüre ich schon wieder das Rheumatische, diesmal im Oberschenkel und kann weder sitzen noch stehen." Und vor allen Dingen hat er unter den Schikanen seiner Vorgesetzten zu leiden. Oberleutnant Gruder und Ingenieur Ausserer behandeln ihn ungerecht. Er ist nicht imstande irgendwo Holz aufzutreiben, um die Zimmer der Vorgesetzten zu heizen. Am 24. November kommt der Weltschmerz: "so wäre es kein Wunder wenn einer nicht Selbstmordgedanken bekäme".

Er ist nicht allein. Alois Unterkircher, um 1900 erster Wirt der Edelrauthütte im Pfunderertal, geht als Standschütze des Baons Welsberg in den Krieg. Im Landrotal schreibt er kurz und prägnant reduziert auf einen Satz jeden Tag das Geschehene nieder. „ Am 10. Jänner 1917. 2 Uhr früh wurde uns von der Lawine die Baracke teilweise zerstört. Es schliefen unser 6 Mann in der Baracke, und sind alle durch die Anrufung der allerheiligsten Jungfrau und Gottesmutter Maria unversehrt geblieben. Ihr sei Ehre, Lob und Dank dafür." In einem Gefühl der Ohnmacht gibt es einzig und allein in der Religion Halt. Die Tage gehen dahin, nie geht es ihm besonders gut. „1. April. Palmsonntag. Bin jetzt bald 23 Monat von zu Hause weg. Habe unterdessen vieles erlitten. Hab meine liebe, gute Gattin Anna durch Tod verloren. Das schmerzt mich am meisten. Es ist mir manchmal so weh und trostlos zu Mute. Aber Gott schickt es und drum will ich alles geduldig tragen." Am Ostersamstag

Die ersten Kriegstage am Monte Piano. Oberste Reihe höchste Position: Noch kennt der Standschütze Ferdinand Mair die Grauen des Krieges nicht. Im schneereichen Winter 1916-17 wird er mit einem weiteren Kameraden in einer Baracke verschüttet. Beide überleben wie durch ein Wunder und werden erst zwei Tage später von den Hilfsmannschaften aus den Schneemassen befreit.

wird er „draußen gebadet und entlaust." Er bettelt um Tabak und Zigarren." Der chronische Kopfweh wird immer stärker. Von den Kriegsaufzeichnungen des Landsturmsoldaten Johann Hirber aus Bruneck sind nur mehr Bruchstücke übrig geblieben. Dafür aber umso aussagekräftigere. Alles beginnt harmlos, Hirber schließt sogar Freundschaft mit seinen italienischen Kollegen, bis man sich immer mehr entfremden muss. „Seit 3.Mai 1915 bin ich bereits als Grenzsoldat in Einsatz. Täglich gehen wir die Grenze ab. Gestern trafen wir dabei auf italienische Grenzer. Die Leute von der Gendarmerieassistenz erzählten uns das man vor einigen Wochen mit ihnen noch sprach und verschiedenes Austauschte. Jetzt beobachtet man sich nur mehr. Alles spricht vom Krieg." Am 21. Mai 1915 hofft er sogar noch, „dass es vielleicht keinen Krieg mehr gibt." Doch einen Tag später schwindet die Hoffnung. „Überall werden Schützengräben ausgehoben und Stacheldrahtverhaue errichtet." Bis am 25. Mai 1915 endgültig das Unabwendbare eintrifft. „Seit gestern haben wir Krieg. Weg ist alle Hoffnung bald wieder zu Hause zu sein. Mit schauerlicher Gewalt hat man vorgestern die ganzen Hotels in Landro in die Luft gesprengt. In Cortina sollen bereits die ersten italienischen Soldaten gesehen worden sein." Johann Hirber erlebt die Schrecken, erfährt, dass er nur Spielball der Mächtigen ist und auch die kleinen Wunder. Am 5.Februar 1917 setzt fürchterlicher Schneefall ein. „Seit Tagen haben wir nur Schnee. Die ganze Mannschaft hat der Herr Oberleutnant aufgeboten um die Wegen zu den Baracken und am Berghang frei zu schaufeln. Alles hat Angst vor großen Lawinen." „3.März 1917. Lawinen."

Diese handkolorierten Postkarten wurden vom Roten Kreuz gegen eine kleine Spende an die Soldaten verteilt und sollten den Familien zuhause das Leben an der Front vermitteln. Durch die bunten Farben und die schönen Landschaften wurde vom Grauen des Krieges abgelenkt.

Doch es schneit unaufhörlich weiter. Blankes Entsetzen und Hilflosigkeit macht sich überall breit. „5.März 1917. Seit gestern ist es nur mehr mit Erlaubnis eines Offiziers gestattet die Unterstände zu verlassen. Es schneit immer noch. Am Cristallo soll eine Lawinen ein paar Baracken zerstört haben." Drei Tage später folgen weitere Horrormeldungen.
„3 Baracken sind von einer Lawine zerdrückt worden. Drei Kaiserjäger von der 3. (Kompanie) sind gestorben. Alle arbeiten und helfen mit." Und dann am 13. März das nicht für möglich gehaltene. „Das Wetter ist besser geworden. Nach zwei Tagen hat man in der Baracke noch zwei lebende Soldaten heraus gezogen. Alles spricht von einem Wunder." Einer der zwei jungen Überlebenden war der Standschütze Ferdinand Mair, 1897 geboren. Die zwei Tage des Lebendbegrabenseins prägen ihn ein Leben lang.
Heute, viele Jahrzehnte nach dem Krieg, haben diese erstmals veröffentlichten Tagebücher, nichts von ihrer Faszination verloren.

Hinter der Front

Der Krieg bestand nur zu einem kleinen Teil im Kämpfen. Den größten Teil der Zeit nahmen Wache stehen, frieren, hungern und warten abgelöst zu werden, um hinter der Stellung endlich ein bisschen “Frieden” zu genießen. Hinter der Kampflinie wurden für die sich in Ruhestellung befindenden Einheiten Unterkünfte gebaut, in denen sie sich für den kommenden Einsatz ausruhen und aufbauen konnten. Es gibt viele Bilder von “hinter der Front”. Viele täuschen eine gewisse Idylle vor, doch der genaue Beobachter dieser Bilder wird schnell erkennen, wie ernst auch hier die Lage war.

Jede Einheit hatte für die Instandsetzung der Uniformen und Schuhe einen eigenen Schneider und Schuster. Hier im Bild die Schuster und Schneider des Standschützenbataillons Welsberg im Lager Nasswand im Höhlensteintal.

Bild Mitte: Diese Standschützen des Bataillons Welsberg haben sich sogar den Luxus erlaub Filzpantoffel anzuziehen, um ihre Hütte möglichst reinlich zu halten. Die Ausnahme von der Regel.

Hinter der Front war der Krieg genauso anwesend und – trotz mancher Idylle - nicht zu verleugnen. Waffen- und Gerätepflege war ein wichtiger Bestandteil des Tagesablaufes. Hier werden Skier für den nahenden Winter erprobt.

Bild unten: Die hygienischen Voraussetzungen im Krieg waren nicht immer die Besten. Man musste sich anpassen. Mit Witz versuchten die Soldaten ihre missliche Lage zu umschreiben. Meist wurden solch primitive Feldklos humorvoll “Donnerbalken” genannt.

Die jüngsten Standschützen des Standschützenbataillons Welsberg in einer Baracke mit dreistöckigen Betten im Lager Nasswand. Wie viele schlaflose Nächte haben diese jungen Menschen wohl auf diesen harten Betten verbracht. Heimweh, Angst und Hunger waren ihre ständigen Begleiter.

Oft dreifach übereinander gezimmert waren die Betten der Soldaten in den Baracken. Nur wenige Glückliche brauchten ihr Bett mit niemanden zu teilen. Meist hatte jedes Bett drei Benützer. Eine Schicht stand acht Stunden Wache, in den nächsten acht Stunden musste er zum Essen anstehen, seine Kleidung herrichten oder beim Stellungsbau mithelfen. Erst die letzten acht Stunden durfte er in seinem Bett ausschlafen. Das war die Theorie. Die Praxis diktierte der Krieg und so stand ein Bett mit drei Besitzern auch oft tagelang leer, weil alle im Kampf, beim Wache stehen oder im Arbeitseinsatz waren. In den Betten gab es keine Matratzen, selten Strohsäcke, fast immer nur Holzwolle, die nur sehr selten gewechselt wurde. In den verdreckten Betten nisteten sich bald vielerlei grausige Kleinbewohner ein. Unvorstellbar der Gestank in diesen Hütten, wo verdreckte Männer eng aneinander hausten.

Ständiges Hungergefühl demoralisierte die Soldaten im Laufe des Krieges immer mehr. Die Essensrationen wurden immer knapper. Deshalb wurde aus dem Rahmen fallendes Essen zu einem seltenen Festmoment. Solch glückliche Augenblicke in denen für kurze Zeit der fast chronische Hunger gelindert wurde, war Anlass um auf Fotopapier gebannt zu werden. Manchmal erweiterte man den Speiseplan in dem Wild, wie Wildhasen oder Gämse erlegt wurden, was streng verboten war, oder sich im Hinterland etwas Essbares "organisierte".

Alle diese Fotos stammen aus so genannten Bauernarchiven, in diesem Fall von Kriegsteilnehmern aus dem Tauferer Ahrntal. Sie sind deshalb bemerkenswert, weil sie die Empfindungen und die für diese einfachen Leute wichtigen Augenblicke festhalten.

Die körperliche Ertüchtigung diente einmal dazu, die Soldaten von den Schrecken des Krieges abzulenken und sie kampfbereit zu halten. (Bild oben links). Wenn es die Zeit erlaubte, waren die Soldaten sehr einfallsreich und geschickt, wenn es darum ging, sich hinter der Front zu unterhalten und abzulenken. Hier zum Beispiel mit einer primitiven Kegelbahn im Lager Nasswand im Höhlensteintal. Auch im Krieg erinnerte man sich an die hohen Feiertage. Sehr wichtig waren vor allem religiöse Feste wie Weihachten und Ostern. Die Fronleichnamsprozession im Lager Nasswand der Welsberger Standschützen. Um sich abzulenken nützte man auch andere Tage um ausgiebig zu feiern und manches Mal musste ein Soldat in die Rolle einer Frau schlüpfen, um den Kameraden ein bisschen Frohsinn und Ablenkung zu geben. Im Bild eine Neujahrsfeier im Lager Nasswand.

Links oben: Im Lager Nasswand lassen österreichische Truppen einen Propaganda-Ballon bei günstigem Wetter in Richtung Front aufsteigen. Am Ballon sind Flugblätter angebracht, die über die feindlichen Linien zerstreut werden und die Alpini zum Überlaufen und Kapitulieren aufrufen sollen. Die Wirksamkeit dieser "Waffe" bleibt umstritten, denn mehr treibt der Hunger und die Not die Soldaten auf beiden Seiten zur Aufgabe oder zum Überlaufen.
Links Mitte: Die Rienztal-Stellung am Fuße des Monte Piano. Dieser Stützpunkt wird oft genug angegriffen und von italienischen Stoßtrupps bekämpft. Da die Stellung sehr ausgesetzt ist, haben italienische Scharfschützen einen guten Einblick und erzielen zahlreiche Treffer. Das Gegenmittel lautet deshalb, sich noch mehr und tiefer einzugraben und den Kampf Scharfschütze gegen Scharfschütze aufzunehmen. Im Bild beobachtet ein Offizier die Treffer eines Scharfschützen. Erkennbar ist am hinteren Mützenaufschlag des Offiziers der weiße viereckige Stofffleck, der dazu dient, ihn für die eigenen Leute als österreichischen Soldaten erkennbar zu machen.
Links unten: Eine Kaiserjäger-Gruppe bereitet sich im Kampfabschnitt Monte Piano auf einen Stoßtrupp vor. Diese Unternehmen haben vor allem die Aufgabe, Informationen zu sammeln und die Lage zu erkunden. Man versucht sie auch zu Gefangenen zu machen, um von ihnen Informationen und Auskünfte zu erpressen.
Rechts oben: Am Monte Piano wurden auch Flammenwerfer eingesetzt. Diese Waffe benützte man, um gegnerische Stützpunkte auszuschalten. Mit Hochdruck wird Petroleum bis zu vierzig Metern weit gespritzt und entzündet. Obwohl die Reichweite gering ist, wird die Waffe, vor allem wegen ihrer moralischen Schlagkraft, gefürchtet. Die Soldaten lebten mit der Angst in einem Feuermeer zu sterben.

Kampf um den Monte Piano

Der Monte Piano verschließt wie ein natürliches Bollwerk das Höhlensteintal. Die österreichische Heeresleitung erkennt die strategische Wichtigkeit des Monte Piano nicht sofort, was dazu führt, dass er fast zwei Wochen nach Kriegsbeginn im Handstreich besetzt werden muss. Auf beiden Seiten wird dieser Berg alsbald mit einem ausgeklügelten Stellungssystem überzogen. Es gibt immer wieder Angriffe und Gegenangriffe. Verschiedene Eliteeinheiten kommen zum Einsatz und es werden neue Waffen ausprobiert. Am 21. Oktober 1917 greifen österreichisch-ungarische und reichsdeutsche Sturmtruppen die italienischen Stellungen an. Diese Aktion ist eine Ablenkungsaktion zur letzten Isonzo-Schlacht und leitet die italienische Niederlage von Caporetto ein.
Um 1970 beginnt der österreichische Oberst Walther Schaumann am Monte Piano die Aktion der Friedenswege. Alte Kriegsstellungen und Steige werden ausgegraben und instand gesetzt.

Berge werden in die Luft gejagt

Ab 1916 werden im k.u.k.-Heer der Stahlhelm an die Truppen verteilt. Anfangs werden nur Offiziere und Sturmabteilungen damit ausgerüstet. Hauptsächlich in den Dolomiten wurde die Splitterwirkung des Artilleriefeuers durch die Felsen vergrößert, was dazu führte, dass Kopfverwundungen die

häufigste Ursache für Ausfälle waren. Mit dem eingeführten Stahlhelm sollte der Kopf der Soldaten besser geschützt werden. Trotz seines erheblichen Gewichtes trennten sich die Soldaten im Laufe des Krieges immer seltener von diesem Kopfschutz.

Ein historisches Dokument: Am 22. Mai 1917 donnert nach der Explosion einer österreichischen Mine ein 200 Meter hohes und 140 Meter breites Felsband am Lagazuoi in die Tiefe. Zuvor hatten die österreichischen Truppen, in einen eigens dafür angelegten Stollen, über 30.000 kg Sprengmaterial hinein-

Krieg in den ladinischen Tälern

gestopft und zur Explosion gebracht. Am Col di Lana waren es dagegen die Italiener, die den Gipfelbereich in die Luft jagten. Trotz allem entschieden auch diese Höhepunkte technischen Erfindungsgeistes den Krieg nicht.

Auf welche Seite schlägt sich Gott

Der Krieg in den Dolomiten – auf wenigen Kilometern Luftlinie prallten Welten aneinander, die unterschiedlicher nicht sein konnten. Es war ein Kampf gegen die Berge. Da probten Italiener und Österreicher, wie man ganze Berge in die Luft sprengen könnte, da gruben sich beide Parteien Kilometer lange Gänge und Stollen in den Berg wie Maulwürfe. Da fochten sie auf den Zinnen, Mann gegen Mann, mit ihren Bajonetten gegeneinander. Es war der Krieg von Bauernheeren. Auf allen Seiten. Emilio Lussu, Autor von „Ein Jahr auf der Hochebene" charakterisiert den italienischen Soldaten, den guten „Zio Francesco". Mit 5 Silberlire pro Tage Entgelt wurden sie für den Kriegsdienst angeworben.

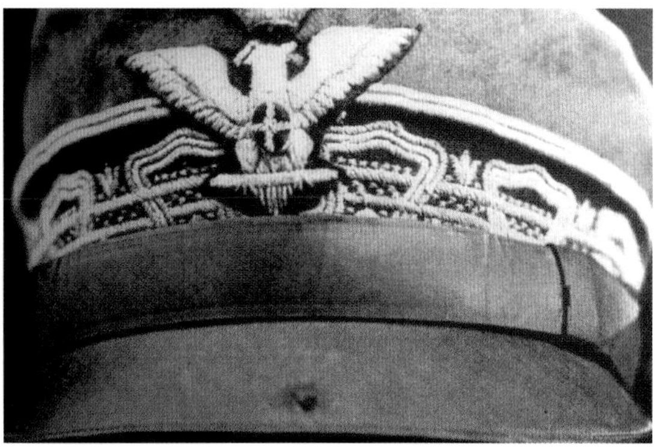

Eine Devotionalie der besonderen Art.: Der durch eine Kugel durchlöcherte Hut des italienischen Generals Antonio Cantore.

Eine stolze Summe, die die meisten nicht einmal in einer Woche sonst verdienten. Deswegen kämpften sie als „gute und tapfere Soldaten" gegen die Österreicher, um dann das hart verdiente Geld ihren Frauen heimzuschicken. Wer sich freiwillig zu gefährlichen Unternehmen meldete, bekam sogar 10 Lire Prämie. Und Emilio Lussu schließt seine Schrift ironisch-tragisch: „Zio Francesco ging jedes Mal freiwillig mit, und er kehrte auch immer mit heiler Haut zurück. Eines Nachts blieb jedoch auch er aus. Ein Kamerad barg später seinen Leichnam. Beim Rechnungsführer der zehnten Kompanie fand man die Aufstellung seiner Ersparnisse. Die zehn Lire Freiwilligenprämie hatte er regelmäßig der Familie geschickt. Armer „Zio Francesco."[33]
Vor Kriegsbeginn saßen sie noch in Buchenstein zusammen, österreichische und italienische Truppen – tranken Bruderschaft und genossen den Wein. Sie mussten erst zum Kämpfen gedrillt werden. Und kaum einer wusste wie dies ging. Der von den Standschützen zum Kommandanten des Baons Enneberg gewählte Franz Kostner, Bergführer, Himalaja-Reisender und etablierter Hotelier in Corvara, 1877 geboren, riskierte gleich am Anfang Strafe und Gefängnis nur weil er vor seinen Truppen zum Besten gab, dass er überhaupt nichts gegen die Italiener hätte. Zu verflochten lebten sie seit Jahrhunderten beieinander. Franz Kostner wurde zum Major erwählt, zuständig von der Sellagruppe über Siefsattel, Lagazuoi bis zum Travenanzestal. Alles wurde notdürftig und in der Hoffnung auf einen kurzen Krieg zusammengebaut, „mit dem Holz der auf den Bergweisen verstreuten Heuhütten ging man daran, Unterstände zu bauen.[34]
Der Krieg ging in eigenartiger und ungewohnter Art und Weise weiter. 20. Juli 1915 am Nachmittag fährt der Alpinigeneral Antonio Cantore mit seinem Auto nach Pocol und geht zu Fuß weiter zum Col dei Bos. Dann beginnt er in einem Schützengraben die österreichischen Stellungen zu beobachten. Seine Kameraden beschwören

Oben links: Eine führende Rolle in der Verteidigung der ladinischen Dolomitenfront spielte der Standschützenmajor Franz Kostner. Oben rechts: Vereidigung der Standschützen des Gadertales am 19. Mai 1915 in St. Martin, Franz Kostner Major im Zentrum. Mitte: Das Abschnittskommando des Bataillon Enneberg im Kampfabschnitt Col di Lana. Bemerkenswert die Sorgfalt mit der die Holzhütte geschmückt wurde. Die Soldaten nannten sie Adlerwache. Unten: Major Kostner mit dem Schriftsteller Freiherr von Ompteda.

ihn, seinen Kopf tief zu halten, doch übermütig antwortet er, dass kein österreichisches Geschoß imstande sei, ihn aufzuhalten. Noch ehe er diese Worte zu Ende gebracht hat, durchbohrt schon eine Kugel seinen Hut und dringt in den Kopf. Lautlos sinkt er zu Boden. Dem neben ihn stehenden Mannschaftsarzt entfährt nur noch der eine Satz: „Aber Herr General, gehen Sie doch weiter!" Ein General, der im Kampf fällt, ein ungewohntes Bild. Bald schon beginnt die Legendenbildung. General Cantore war nicht unbedingt beliebt in den Reihen seiner Leute. Seine Härte, sein sinnloses Verheizen der eigenen Truppen, beschworen den Hass der Soldaten. Beim Begräbnis in Cortina kursierten Stimmen, dass sein treuer Schimmel als einziger traurig über seinen Tod gewesen sei.

Der Sommer 1915 ist ausgesprochen kalt, immer wieder fällt Schnee in der Höhe. Den siebzehnjährigen Standschütze Albino Soratrói, aus dem ladinischen Buchenstein, hatte man gleich an die Front geschickt, wie viele andere, deren Lebenszenit schon dem Ende zuging. Es war das letzte Aufgebot. Die Kälte setzt den Menschen zu, die Macht des grausamen Winters in den Bergen. Albino Soratrói leidet schrecklich: „Den ganzen Tag über kam die Sonne nie zum Vorschein, und am Abend versammelten wir uns wie die Zigeuner um das Feuer. .... Unter diesen Bedingungen konnte man nur sehr wenige Stunden schlafen: Zu fünft zusammengekauert in einige wenige Decken lagen wir hineingepresst wie die Sardinen in der Dose, und so verfielen wir manchmal in einen kurzen Dämmerzustand. Frühmorgens, ohne den Weckruf abzuwarten, krochen wir wieder aus unseren, vom Raureif überkrusteten Zelt – an Schlechtwettertagen dagegen gruben wir uns aus dem frischen Neuschnee heraus."[35] „Ich wurde von Schüttelkrämpfen, die auf die Kälte zurückzuführen waren, geplagt. Nur mit Mühe gelang es mir aufrecht zu sitzen und so gewahrte ich nun, dass meine Hände vollkommen gefühllos waren. Dies waren die Vorboten einer Erfrierung. So rief ich meinen Freund aus dem Heimatdorf, doch auch er zitterte nur so von Kälte. Aber es stand nicht so schlecht um ihn wie um mich. Gemeinsam begannen wir unsere Lage zu verbessern, in dem er mich mit Schnee einrieb. Schon bald trat eine Besserung meines Zustandes ein, doch zugleich fühlte ich unaushaltbare Schmerzen."[36]

Zu schnell beginnt auch für Albino Soratrói der richtige Krieg, mit Blut und Tränen. „Der am schwersten Verletzte hatte mein Alter und stammte aus dem Gadertal. Die Granate traf ihn voll am Bein, trennte das Knie ab und zerfetzte das andere Bein vollkommen. In diesem Durcheinander gelang es den Rettungsleuten nicht, zum Schwerverletzten zu gelangen, um den Blutverlust zu stoppen. Eine Stunde lang war der Arme trotz seiner schweren Verwundung bei vollem Bewusstsein und behauptete felsenfest, überhaupt keine Schmerzen zu spüren. Aber im Wissen, dass sein junges Leben nun zu Ende ging, verharrte sein letzter Gedanke bei seiner Familie und besonders bei seiner Mutter. Bald danach fiel er friedlich in den Todesschlaf. Er war nur 18 bis 19 Jahre alt geworden",[37] schreibt der junge Standschütze bestürzt und ergriffen. Diese Tagebücher, eilig hingekritzelt, manchmal mit fast erfrorenen Fingern geschrieben, erzählen vom Inferno, berichten als hautnahe Zeitdokumente mehr vom Krieg in den Bergen als die Entscheidungen manches Heeresführers am Schreibtisch.

Trotzdem spielen sich inmitten dieses Krieges immer wieder Szenen der Gedankenverlorenheit ab. Der Cortineser Bergführer Bortolo Barbarìa Zuchìn hatte einiges im Leben zuwege gebracht. Zu den

Der Erste Weltkrieg war ein Krieg in dem die Technik zum Töten immer raffinierter eingesetzt wurde. Überall gab es neue und moderne Entwicklungen. Vor allem im Bereich der Artillerie wurden alle Rekorde gebrochen. Immer größere und immer weitreichendere Geschütze wurden gebaut. Ein gutes Beispiel dafür ist der unzählige Male abgebildete 30,5 cm Mörser der österreichisch-ungarischen Armee .Das von den Skoda-Werken gebaute Geschütz musste zum Transport mit einer eigens dazu entwickelten Porsche-Zugmaschine in drei große Teilen zerlegt werden. Es brauchte an die 40 Soldaten und fast einen Tag um das Geschütz in Stellung zu bringen und feuerbereit zu machen. Aber der Aufwand lohnte sich. Der Mörser erzielte verheerende Wirkung und war beim Feind sehr gefürchtet. Die Antwort blieb auch von italienischer Seite nicht aus. Diese entwickelten, vor allen sehr weit reichende Geschütze, mit denen sie zum Beispiel aus dem Raum Misurina, Innichen, Toblach und sogar Niederdorf beschießen konnten.

Diese Geschütze waren für die Soldaten oft wie ein Statussymbol. Für jeden Soldat bedeutete ein eigenes Geschütz mit genügend Munition im Hinterland Sicherheit. Deshalb ist es erklärbar, dass die Geschütze wie auch andere Waffen vor dem Einsatz geweiht wurden und während des Krieges eine fast religiöse Verehrung erfuhren. Diese Geschütze wurden im Kampfabschnitt Valparola vor allem zur Beschießung der italienischen Stellungen am Col di Lana eingesetzt.

Kaiserjägern auf die Tofana schob man ihn, unterstellt dem gütigen Hauptmann Emanuel Barborka. Von diesen Gipfeln aus konnte er traurig nach Cortina hinunter schauen, zu seiner Familie. Litt die eigene Familie Hunger? Was trieben die Italiener mit ihnen? Er begann von seiner ohnehin kärglichen Lebensmittelration jeden Tag etwas auf die Seite zu tun, bis er genug Konserven gespart hatte, um den Rucksack zu füllen. Eines Nachts verließ er stillschweigend die Holzbaracke im Travenànzes und schlich sich hinaus in die Finsternis. Nach Cortina wollte er absteigen, durch die eigenen Reihen hindurch und auch die feindlichen, in einer finsteren Nacht durch die gefährlichen Felsen. Es war ein Selbstmordunternehmen herausgewachsen aus unstillbarer Sehnsucht. Seine Mitstreiter hatten es einfacher.

Die stammten aus dem Gadertal, aus Gröden. Sie verteidigten die Heimat und spielten den Vorposten, dahinter lagen die eigenen Dörfer, die es galt mit letzten Mitteln zu verteidigen. Die Cortineser aber hatten die eigenen Familien in italienischer Hand und wenn sie auf Cortina schossen, dann trafen sie die eigenen Frauen und Kinder. Wenn die anderen immer wieder ein oder zwei Tage zu den ihrigen nach Hause durften, dann war dies den Cortineser Kaiserjägern versagt. Zudem betrachtete man sie noch misstrauisch. Waren die Cortineser überhaupt zuverlässig, oder handelte es sich um italienische Agenten? Bortolo Barbarìa Zuchìn riskiert alles und kommt wieder heil zurück. Doch Alberti Rodèla, ein Cortineser Kaiserjäger, schlägt bei Bortolos Rückkehr Alarm. Sofort wird der Bergführer zu Hauptmann Barborka gezerrt. Auf Desertion steht die Todesstrafe, und die musste der Hauptmann ausführen, wollte er sich nicht selbst schuldig machen. Doch wie konnte Barborka einen seiner besten Kletterer erschießen lassen? In aller Eile schreibt er einen Brief, versiegelt ihn, überreicht ihn Bortolo und schickt ihn mit diesem Schreiben zum Kronprinzen Karl, der gerade in diesen Tagen Corvara im Gadertal einen Besuch abstattet.

Der traurige und eingeschüchterte Bortolo überreicht dem Kronprinzen den Brief. Dieser öffnet ihn, liest ihn aufmerksam, beginnt zu sinnieren und verzeiht dem armen Bortolo sein Schwerverbrechen. Es war kein Einzelfall. Auch Luigi Pompanin Bà versuchte seine Familie in Cortina heimlich zu erreichen. Er kam bis zu den Wäldern knapp oberhalb seines Heimatortes. Dort, 500 Meter vor seinem Heimathaus, legte er sich nieder, zog sein Fernrohr heraus und begann eifrig und ergiebig all das zu beobachten, was ihm lieb und nett war. Weiter wagte er sich nicht mehr, da sein Haus von italienischen Truppen besetzt war. Auch wird berichtet, dass Simone Giuseppe Lacedelli eines Tages mit einem langen Seil einer italienischen Wache einen Brief mit der inständigen Bitte herunterließ, diesen ganz sicher seiner lieben Mutter in Cortina auszuhändigen.

Der Brief wurde weitergereicht und landete wirklich in den Händen seiner Mutter, die ihn mit Rührung las. Doch ein böhmischer Soldat hatte das Geschehen mit beobachtet und das Verhalten des Cortinesers den Militärbehörden mitgeteilt. Es kam zu einem Prozess in Bruneck, wo Lacedelli den Tod durch Erschießen riskierte. Als während der Verhandlung der böhmische Soldat die Rechtfertigungen des traurigen Kaiserjägers mit anhören musste, überkam ihm großes Mitleid. Er begann zu zweifeln, und beendete seine Aussagen, dass er sich nun wirklich nicht mehr sicher sei, ob es wirklich ein Brief gewesen sei oder bloß ein zufällig daran hängender Stofffetzen. So wurde Simone Lacedelli schließlich doch noch freigesprochen.

Schnappschüsse, die keine waren

Nicht gestellte Fotos von Kampfhandlungen aus dem Ersten Weltkrieg sind eine Seltenheit. Dieser Umstand ist fototechnisch damit erklärbar, dass das Fotografieren bisweilen einige Minuten in Anspruch nahm. Oft findet man deshalb Bilder, die trotz ihrer schauspielerhaften Aufmachung dokumentarischen Wert besitzen. Oben links: Der Originalbildtext dieses Kletterfotos weist nicht darauf hin, dass das Bild weit hinter der Front im felsigen Gelände, oberhalb von Bozen-Gries, während einer Übung gemacht wurde. Trotzdem ist es interessant. Gut erkennbar sind die Bergsteigertechnik und Ausrüstung jener Zeit. Im Felsen benutzte man den langen Bergpickel, Alpenstock, genagelte Schuhe und Hanfseile. Bei Nässe und Kälte wurden diese Seile tonnenschwer, steif und unhandlich. Unten: Standschützen posieren in den ersten Kriegstagen für ein Gruppenfoto. Die grimmigen Gesichter sollen den Ernst der Lage vermitteln. So will man den Feind empfangen. Rechts oben: Der Kampf geht weiter. Ob es ein Scherz war oder nicht? Bosniaken, welche russische Kriegsgefangene bewachen, greifen diese mit aufgepflanztem Bajonett und Beilen an. Die Russen verteidigen sich mit Felsbrocken. Wollte man nur eine Kampfszene nachspielen oder die Gefangenen demütigen?

Hochzeit im Krieg

Eine Kriegshochzeit in der Pfarre von Taufers. Nur Offiziere konnten sich den Luxus leisten und im Krieg groß prachtvoll den Bund des Lebens schließen. Einfache Soldaten mussten auf einen Urlaub warten, der meist nie kam, um die Liebste zu heiraten. Trotzdem waren die Kriegshochzeiten keine Seltenheit. Viele wollten durch die Hochzeit, der Verlobten im Falle des Todes, ein Auskommen durch die Kriegswitwenrente ermöglichen.

Da Metalle wie Eisen, Kupfer und Blei fehlten, müssen die Einwohner der Dörfer für Kriegszwecke diese sammeln. Ab 9. August 1916 müssen sie alle Kupferkessel abliefern, ab Dezember werden die Glocken abgenommen. Der Neustifter Chorherrr Obersinner drückt die allgemeine Volksmeinung dazu aus: „Darob begreiflicher Unwille unter Volk und Priestern, weil immer die Kirchen hergenommen werden, wo anderswo, z. B. im hohen Privatbesitz, in Museen usw. unter dem Deckmantel der Kunst noch Massen von Metall sich findet." Die Glocken des Ahrntales werden gesammelt und nochmals vor der Einschmelzung zur Schau gestellt.

Aus Glocken wurden Kanonen

Die letzte Erinnerung

Hatte ein Soldat das Glück, einmal nach Hause auf Urlaub zu gehen, wurde - meist von den Eltern - stillschweigend der Fotograf gerufen, um ein gemeinsames Familienporträt anzufertigen. Es war allen bewusst, dass dies auch das letzte Treffen sein konnte. Es gibt tausende solcher Bilder. Der genaue Beobachter kann in den abgelichteten Gesichtern fast nie ein Lächeln erkennen.

Die Entlausung der Kämpfer

Die Monate im Feld, das Liegen in dreckigen Decken und Strohsäcken fordert seinen Tribut. Bei manch einem bildeten die Läuse einen durchgehenden graubraunen Belag und setzten sich sogar noch im notdürftigen Verbandsmaterial der Verletzten fest. Fleckfieber übertragen durch die Kleiderlaus, raffte manchmal bis zu 40 Prozent der Erkrankten, besonders in den Gefangenenlagern dahin. Badeanstalten, Desinfektions- und Entlausungsstationen im Hinterland, sowie durch das Abrasieren aller Körperhaare, versuchte man diesem Übel Abhilfe zu schaffen.

Eine Entlausungsstation im „Marodenspital" in Sand in Taufers. Hier kamen die Kriegsunfähigen für einige Zeit unter und wurden für den nächsten Fronteinsatz gesund gepflegt. Ganz unten: Desinfektionsstation in Sexten.

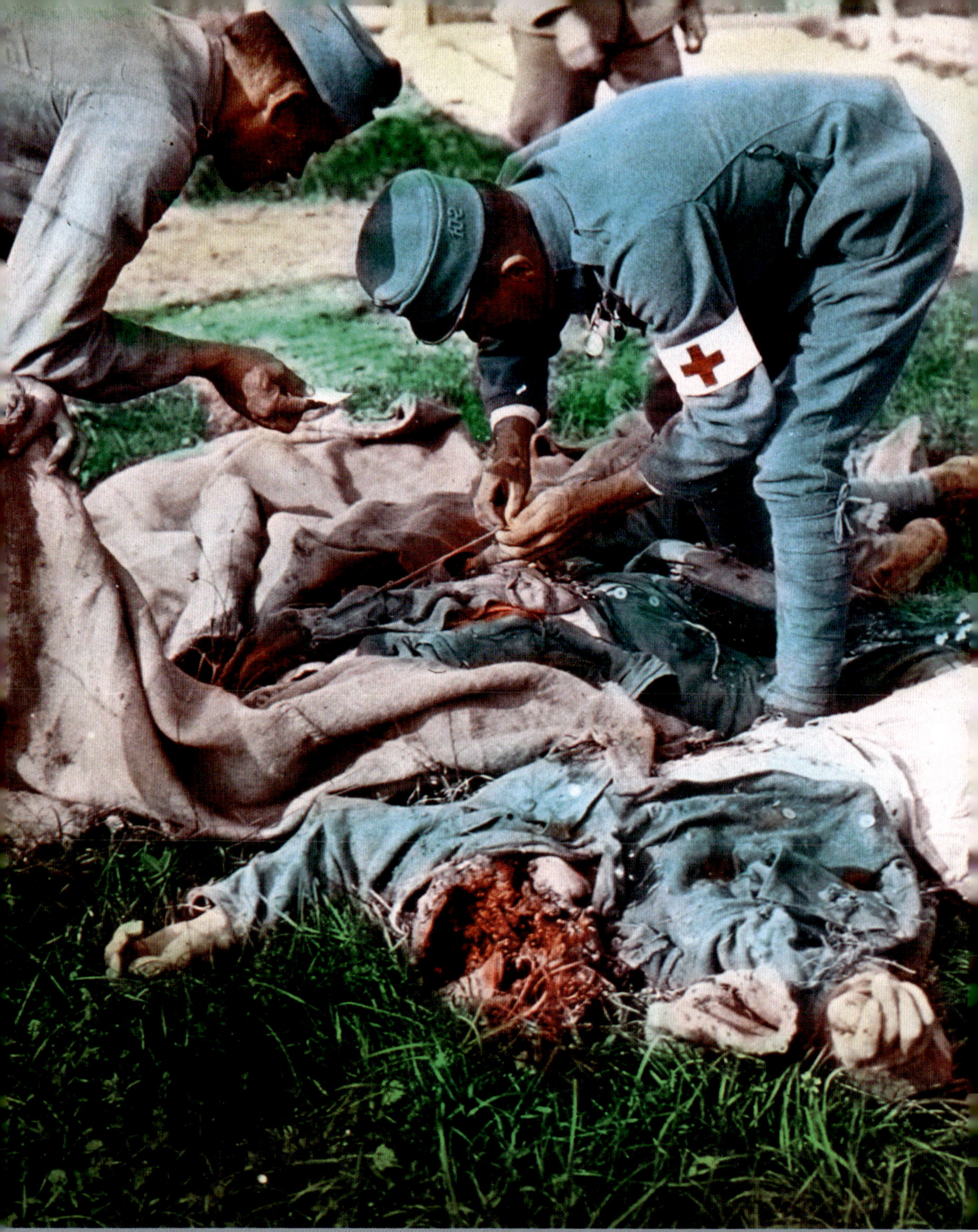

Der Krieg in Farbe

In mühevoller Arbeit kolorierte der k.u.k. Heeresfotograf Richard Synek 260 Glasplatten, der im Auftrag des österreichischen Oberkommandos die blutigen Stätten des Ersten Weltkrieges, darunter auch die Tiroler Front aufsuchte. Die Sammlung besticht durch eine geradezu makabre Aneinanderreihung besonders grausamer Szenen. Wie kaum ein anderer hat Synek es verstanden den Krieg wirklich so zu zeigen, wie er war.

Bald erstarrte auch die Dolomitenfront zu einem aufreibenden Stellungskampf. Die Schützengräben wurden immer tiefer in die Erde und in den Felsen getrieben. Wo dies nicht möglich war, wurden Steine, mit Erde gefüllte Gitternetze oder Sandsäcke aufgestockt, um den Soldaten mehr Schutz und

Sicherheit zu bieten. Aber selbst die besten und ausgeklügeltsten Kampfstände konnten tagelangen Trommelfeuer der feindlichen Artillerie widerstehen. Für Jahre wurden die Schützenlöcher zu unbequemen "Wohnstätten" für die Soldaten.

Stellungskrieg bedeutete für die Soldaten vor allem Warten und ewiges auf der Wache stehen. In jedem Augenblick konnte ein feindlicher Angriff die Stellungen überrollen. Wenn der Feind nicht angriff, gab es andere Gegner, die man zu bekämpfen versuchte: Hunger und Durst, Kälte oder Hitze, Heimweh und dann die vielen kleinen, grausamen und qualvollen Plagegeister, die es in den verdreckten Unterständen zu Tausenden gab. Läuse und andere Kleinlebewesen, die das Leben der Soldaten unerträglich machten. Es blieb nichts anderes übrig, als sie einzeln aus der Kleidung zu jagen.

Mühe, Mut und Tapferkeit wurden mit Auszeichnungen belohnt. Der Glanz dieser Auszeichnungen konnte aber nicht das Grauen der Schlachten verdecken. Österreichische Soldaten bei der Essensausgabe. In diesen so genannten Goulaschkanonen wurde die"Menage" für die Soldaten zubereitet. In der k.u.k.Armee wurde wie bei anderen Heeren bei der Zubereitung der Speisen zwischen einfacher Mannschaft und Offizieren unterschieden. Bis Kriegsende wurde dieser Klassenunterschied beibehalten und sorgte oft für Unmut und Spannungen. Oft wurde viel unnötiger Aufwand verwendet um die Offiziere standesgemäß zu verköstigen.

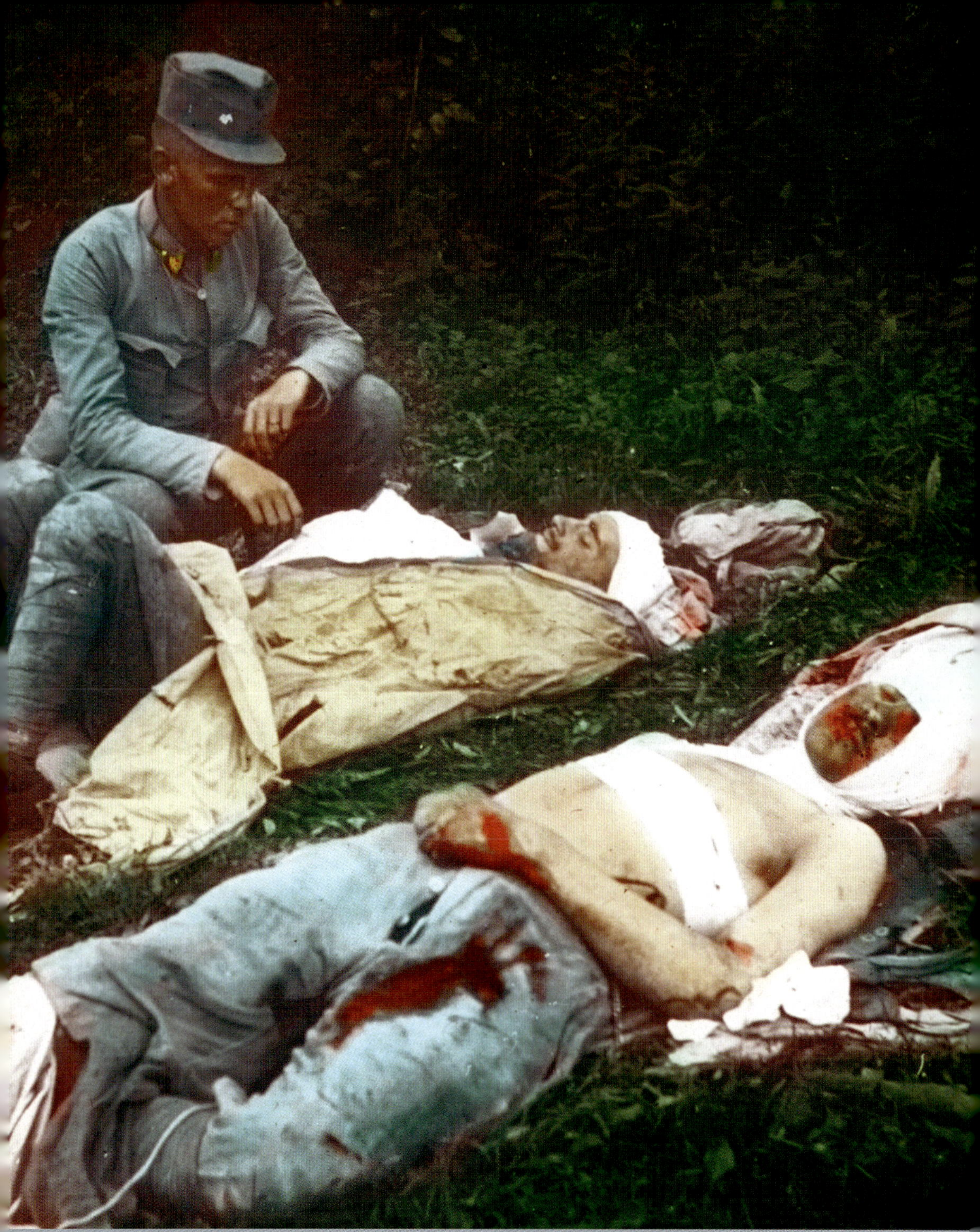

Nach jeder Schlacht, jedem Angriff und kleinen Gefecht kamen die Sanitäter an die Reihe. Verwundete musste aus der Kampflinie geborgen und in die Verbandsplätze geführt werden. Dort wurden sie notversorgt und mussten oft Stunden auf den Abtransport warten. Der Tod war dann oft schneller zur Stelle als ein helfender Arzt. Särge wurden für die Bestattung selten benutzt. Meist wurden die Toten

in Zeltplanen, Decken oder ihren eigenen Mänteln eingewickelt. Erst nach Tagen, manchmal auch nach Wochen oder Monaten begann man die Leichen zusammenzuführen. Dann galt es, diese anhand der Erkennungsmarken zu identifizieren. Persönliche Gegenstände wurden den Gefallenen abgenommen und wenn es möglich war, den Angehörigen zugeschickt.

Nicht nur an der Front wurde der Krieg ohne Gnade geführt. Auch im Hinterland galt das Gesetz der eisernen Hand. Ob Spion, Verräter, Überläufer, Fahnenflüchtiger, Feigling oder nur Verdächtiger, Exekutionskommandos waren schnell zur Stelle. Auf beiden Seiten.

Standrechtlich erschossen

Oft versuchten die Soldaten durch Flucht sich dem Schrecken des Kriege zu entziehen, doch auch hinter der Front erwartete sie der Tod. Auf unerlaubtes Verlassen der Front oder der Truppe stand in den meisten Fällen die standrechtliche Erschießung. Desertion war vor allem in den nichtdeutschen Einheiten der österreichisch-ungarischen Vielvölkerarmee im Laufe des Krieges ein immer größer werdendes Problem. Wie sollte auch ein junger Mensch aus Böhmen, aus Prag den Sinn in der unwirklichen Natur der Berge erkennen. Auch auf der italienischen Seite stand Desertion an der Tagesordnung. Im Laufe des Krieges wurden immer wieder Soldaten wegen Feigheit vor dem Feinde mit dem Tode bestraft. In manchen Fällen kam es sogar zu einer so genannten Dezimierung. Um die Truppe vor mörderischen Aktionen in Schach zu halten, wurden in den einzelnen Einheiten, die zum Angriff auserwählt waren, jeder zehnte herausgegriffen und als abschreckendes Beispiel standrechtlich erschossen. Oben: Dieses makabre Bild eines unbekannten Soldaten, der im Schießstand von Luns bei Bruneck standrechtlich erschossen wird. Er ist einer der vielen unbekannten und vergessenen Soldaten, die ihre Flucht von der Front mit dem Tod bezahlten. Unten: Unter Kaiserin Maria-Theresia wurde die körperliche Züchtigung in der österreichischen Armee abgeschaffen und durch Arreststrafen ersetzt. Im Verlauf des Ersten Weltkrieges wurde diese jedoch wieder eingeführt, um meuternde Soldaten zu bestrafen, die den Arrest dem gefährlichen Kampf an der Front vorzogen.

Der Blutberg wird gesprengt

Weltweit gibt es kaum Berge, die von Menschenhand so malträtiert wurden wie jene der Dolomiten. Im Ersten Weltkrieg hatten sich die jeweiligen Truppen auf den Gipfeln verschanzt und da es keiner Seite gelang auch nur einen Meter weit vorzukommen, war man auf die geniale Idee verfallen, diese Bergkolosse einfach in die Luft zu jagen. Menschen mit einfachen Bohrmaschinen, verstaubt, fast blind, geplagt von Rheumatismus, arbeiteten sich oft über Monate durch den harten Dolomitfelsen, um nach vielen Metern im engen Stollen endlich die Hauptkammer heraus zu schälen. Über lange Zeit beförderten Soldaten dann Unmengen von Sprengstoff in diese Felsenhöhlen. Manchmal sogar über 30.000 kg.

Es war jedes Mal ein geheimes Fest, die Uhren wurden genau verglichen, mit äußerster Sorgfalt der Termin beim Gegner geheim gehalten, Ablenkungs- und Störmanöver der Reihe nach unternommen. Mit dem Berg sollten ja auch die Menschen in die Luft gehen, die „Feinde".

Dann wenn endlich der Zeitpunkt der Sprengung gekommen war, wurden die Soldaten postiert, um sofort im Gegenangriff den verdutzten und verängstigten Gegner von dannen zu jagen. Allein am Lagazuoi, versuchten es die Österreicher viermal und die Italiener einmal, mit riesigen Sprengungen ihr Ziel zu erreichen. Bei der dritten Sprengung der Österreicher,am 22. Mai 1917, stürzten rund 100.000 Kubikmeter in die Tiefe. Erreicht wurde nicht viel. Eine 200 m hohe und 136 m breite Wandfläche löste sich ab, und krachte in das darunter liegende Kar, aber all dies reichte nicht aus, um den Feind zu vertreiben. Nicht einmal einen Monat später landeten die Italiener einen Vergeltungsangriff.

21. Juni 1917. 21.00 Uhr. An diesem längsten Tag des Jahres ist es noch hell, und nichts ließe darauf schließen, dass dieser Tag anders zur Neige gehen würde, als die vorhergehenden. Wenn nicht die Augen der Alpinis hier am Lagazuoi gespannt und flackernd auf die Uhren gerichtet wären, wenn nicht am gegenüberliegen-

Österreichische Soldaten beschießen im Col di Lana-Gebiet vorgehende italienische Truppen. Ein Offizier beobachtet mit seinem Feldstecher die Wirkung des Feuers.

den Averau der Oberkommandierende der italienischen Heerestruppen, General Luigi Cadorna, und selbst Prinz Emanuel mit fiebrigen Augen ihren Blick auf diesen Berg gerichtet hätten, wenn nicht Major Ettore Martini, sich dieses historischen Augenblickes bewusst mit Angstschweiß auf der Stirn noch einmal all die Entbehrungen innerlich im Geist vorbeiziehen hätte lassen. Wie würde dieser Berg wohl Sekunden später ausschauen? Am 25. Februar 1917 hatten die Italiener begonnen, die ersten Tunnels in den harten Dolomitfelsen zu treiben. Bis zum Kleinen Lagazuoi wollten sie sich hinein graben, wo die österreichischen Truppen seit Monaten schon den Berg mit Verzweiflung und Heldentum verteidigten und es bisher noch niemanden gelungen war, nennenswerte Geländegewinne zu erzielen. Capitano Ettore Martini hatte man die Leitung des Bataillons „Val Chisone" im September 1915 anvertraut. Und er hatte sich bei seinen wirr zusammen gewürfelten Truppen aus allen Teilen Italiens sofort Respekt verschafft. Dem Charakter nach war er deutscher als viele Österreicher, korrekt und zielstrebig, dazu verstand er auch einigermaßen die deutsch Sprache, was ihm oft genug entgegenkam. Er war eitel, das konnte niemand abstreiten. Als es ihm unter schweren Verlusten gelang, eine Vorkuppe des Lagazuoi zu besetzen, und sich dort auf einer winzig kleinen ausgesetzten Bank einzugraben, setze er alles daran, dass dieser bisher namenlose Absatz seinen Namen erhielt: Als „Cengia Martini", „Martinis Felsbank" erinnert sie heute noch an den Major. Er schwang sich zum obersten Hüter auf, dass auch jeder den Namen dieses wenige Quadratmeter großen Felsens würdevoll über die Lippen quellen ließ.

Zweimal hatten die kaiserlich-österreichischen Truppen gleichfalls versucht, die Italiener vom Lagazuoi herunter zu sprengen und es war ihnen trotzdem nicht gelungen. Nun betrieben die Italiener den gleichen Aufwand, in der Hoffnung, dass ihnen das gelingen würde, was im Kampf mit Gewehren und Kanonen seit Jahren schon zu keinem Ergebnis führte: Den

Gegner von den strategisch wichtigen Gipfeln der Berge herunter zu jagen. Es war ein Wahnsinnsunternehmen. Im Innern des Lagazuoi begannen sich in den Felsen gehauene Tunnels über einen Kilometer lang in endlosen Schleifen hinauf zu winden. Bohrmaschinen ratterten im Sekundentakt Tag und Nacht, dann wieder wurde gesprengt. Die besten Arbeiter standen hier im Drei-Schichten-Turnus zur Verfügung, 2 Meter breit und hoch wurde der Stollen, fast 6 Meter kam man jeden Tag voran. Dann Anfang Juni war man fast am Ziel, was jetzt noch fehlte war das Anlegen einer riesigen Sprengkammer, um 32 Tonnen Sprengstoff hinein zu pferchen. Den kaiserlichen Truppen war nicht verborgen geblieben, auf welchen Pulverfass sie nun saßen. In aller Eile versuchten sie einen Gegenstollen in den Felsen zu treiben, doch zu spät. Major Martini trieb seine Leute an, ermunterte sie, versprach ihnen den Sieg. Am 12. Juni fallen den Kaiserjägern zwei italienische Deserteure in die Hand. Freimütig erzählen sie vom gewählten Zeitpunkt der Sprengung. Nun beginnt die Zeit der höchsten Alarmbereitschaft. Es fehlen nur mehr wenige Tage. Über teilweise 60 Prozent steile Stiegen tragen italienische Soldaten 30 kg schwere Kisten mit Sprengstoff. Rund um die Uhr. Dann wird, um die Sprengkraft weiter zu erhöhen, der Stolleneingang mit Sandsäcken und Mauerwerk dicht verschlossen. Am 19. Juni 1917 um 23 Uhr ist auch dieses Werk vollendet. Nun beginnt das Warten auf den günstigsten Zeitpunkt. Noch rattern zur Ablenkung weiter die Bohrmaschinen, wird gesprengt, aber alles ist schon für den Tag der Entscheidung vorbereitet. Wohlweislich haben sich die Kaiserjäger ein wenig vom Hauptgipfel zurückgezogen. Sie wollen nicht in die Luft geschossen werden. Überall herrscht erhöhte Alarmbereitschaft. Die einzelnen Bataillons werden unterwiesen, wie sie sich nach Verziehen der Rauchwolken verhalten sollen: Vom Averau strahlen starke Scheinwerfer auf den Lagazuoi und ergeben ein Bild grausamer Wirklichkeit. Die Italiener hatten alles genau berechnet, studiert vermessen und trotzdem lag über allem das Geheimnis des Zufalls.

Die Sprengung war ein voller Erfolg gewesen. Wild rieselten die Steine nieder, umhüllte feiner Staub gespenstisch den Gipfel. Stürmten die Truppen mit Geschrei nach vorne. Versuchten den 2.668 hohen kleinen Lagazuoi im Sturmgriff zu nehmen. Sie erreichen den schwarzen Krater der Sprengung, doch sie kommen keinen Meter mehr weiter. Unter dem Rattern der Gewehre der Österreicher fällt ein Italiener nach dem anderen. Gut hatte die Mine gearbeitet. Auch die Österreicher waren festgenagelt; es ging nicht mehr weiter, so wie es schon Monate zuvor nie einen Sieger gegeben hatte. So grausam war die Natur, dass sie niemanden zum Gewinner, niemanden zum Verlierer erklärte. So verging die Nacht umhüllt vom Trommelfeuer der Truppen.

Die Sprengung des Lagazuoi war nur eine Antwort auf die von den Italienern ein Jahr zuvor am Col di Lana neu eingeführte Kriegstechnik. Berge wurden samt Besatzung in die Luf gesprengt. Luis Trenker, der begnadete Filmregisseur und Schriftsteller, hat diese Sprengungen in seinem Buch und erfolgreichen Film „Berge in Flammen“ ein bleibendes Denkmal gesetzt. 17. April 1916: Fiebrig steht Gelasio Caetani, Fürst von Sermoneta, im Stollen Santa Giulia unter dem Col di Lana mit seiner Mannschaft, die sich in die engen Felsnischen hinein kauern - gepresst wie die Sardinen - und wartet auf den großen Augenblick. Dann um 23.30 Uhr kommt der Kurier mit der lang ersehnten Botschaft herbeigeeilt: „Euer Wohlgeboren haben

Gefangen

Fast nach jedem Gefecht und jeder Schlacht gab es Gefangene. Viele waren verletzt oder von den Strapazen so gezeichnet, dass sie nicht mehr kämpfen konnten und sich kampflos dem Feind ergaben. Oben und Mitte: Das Elend der Gefangenschaft während der Kämpfe am Col di Lana. Hungrig verzehren ein ganz junger und ein älterer österreichischer Soldat ihr erstes Essen in der Gefangenschaft. Diese österreichischen Soldaten werden von italienischen Soldaten von der Front in das Hinterland abgeführt. So beginnt der Leidensweg der Kriegsgefangenen.
Unten: Österreichische Soldaten haben bei einem Stoßtruppunternehmen einen Gefangenen gemacht. In ihrer Winterausrüstung präsentieren sie stolz ihre "Beute". Von den Gefangenen erhoffte man sich oft wichtige Informationen.

die Mine um 23.35 Uhr zu zünden. Der Kommandant des Col di Lana. Gezeichnet Mezzetti." Diese fünf Minuten werden zur Ewigkeit. Seit dem 13. Jänner 1916 hatten sie in fiebriger Eile gearbeitet, hatten den Stollen in die Tiefe des Berges zuerst waagrecht getrieben, dann in die Höhe gesprengt. Mit einem bloßen Sturmlauf war diesem Berg nicht beizukommen gewesen, nun versuchte man es mit einer

Einschlag einer Granate im Boitetal.

Sprengung. Vier Schichten einer Truppe arbeiteten jeweils acht Stunden, Tag und Nacht. Die Mineure und Materialträger hatte man mit Prämien geködert – 50 bis 100 Lire war man bereit gewesen, ihnen je nach Arbeitsfortschritt auszuzahlen, um sie zu Höchstleistungen anzutreiben. Genau berechnet hatte man den Stollen – vier Meter unter der österreichischen Stellung – sollte er zum Stillstand kommen. Dann sollten die Kammern nach dem Rat des erfahrenen Oberst D´Ippoliti mit Sprengmaterial gefüllt werden. 300 Soldaten schaffen mühsam die Sprenggelatine den langen Weg hinauf. Es sind 5.000 kg. Die letzten Stunden dieser Wahnsinnsaktion werden zur Höllenfahrt. Nach drei Stunden bricht Leutnant Maggio infolge der giftigen Gase der Gelatine zusammen. So ist Gelasio Caetani auf sich allein gestellt. 31 Mann bilden ein Kette, die Luft ist stickig und giftig, mühsam verschafft der Ventilator etwas Linderung. Nicht auszudenken, wenn auch dieser ausgefallen wäre. 50 Stunden lang wird ununterbrochen und in höchster Geheimhaltung gearbeitet.

Derweil schwant den österreichischen Kaiserjägern die Gefahr: Das drohende Gespenst einer Sprengung des Gipfels raubt ihnen den Geist und sie sind dem doch machtlos ausgeliefert. Die Zeit einen Gegenstollen zu graben, war zu knapp und aussichtslos gewesen. So können sie nur warten und peinlich genaue Vorbereitungen treffen. Das Schicksal muss seinen Lauf nehmen. Unter ihren Füßen wartet der Tod und die einzige Frage, die noch unbeantwortet bleibt, ist jene, welche Menschen die Vorsehung grauenhaft treffen würde. Der Berg würde an einem Tag, an einer Sekunde, Feuer speiend sich aufbäumen, um dann alles mit sich reißend zusammenzustürzen. Zentnerschwer lastet das Gefühl der Verantwortung an den jeweiligen Kommandanten. Die 5. und 6. Kompanie muss es treffen. Jeweils drei Tage lang hatte Hauptmann Adalbert Homa den Dienst zu versehen, dann trifft es wieder Oberleutnant Anton von Tschurtschenthaler. In der Nacht vom 12. auf den 13. April 1916 quält sich Adalbert Homa mit 86 Mann zur Stellung. Ihn würde es nun also treffen. Die Männer sind sich bewusst, dass sie sterben müssen, doch sie murren nicht und opfern sich bereitwillig. Keine Bohrgeräusche sind nun mehr zu hören und die Vermutung drängte sich auf, dass in 48 Stunden der Gipfel des Col di Lana in die Luft gejagt werden würde. Solange brauchten die italienischen Truppen, um die Sprengkammern mit ihrer tödlichen Fracht zu laden. Offen bespricht er seine schicksalhaften Vermutungen mit der Mannschaft, bereitet sie auf die Sprengung vor, gibt einem Meldemann die Botschaft mit auf den Weg, von einer Ablösung durch die Kompanie Anton von Tschurtschenthaler abzusehen. Doch die Botschaft kommt nie ans Ziel, der Meldegänger wird am Gratweg verwundet und stürzt ab. Die seelische Erregung und Anspannung der Truppe erreicht ihren Höhepunkt, seit zwei Tagen können sie nicht mehr schlafen, doch jeder versucht sein Möglichstes zu tun, um sich zu beherrschen. Den Grabenposten werden Stärkungsmittel mitgegeben. Sie sind die am meisten Gefährdeten, eine Sprengung bedeutet für sie den sicheren Tod. Das weiß jeder. Schon zwei Nächte lang schießen sich die italienischen Truppen auf den Angriff ein, alle Zugangswege werden abgeriegelt, die Trägerkolonnen können mit ihrer Verpflegung nicht mehr hindurch. Jetzt müssen sogar die eisernen Reserven angegriffen werden, Wasser wird aus dem Schnee heraus geschmolzen, als Brennmaterial das Holz der zerschossenen Seilbahnstation verwendet. Die Kampfgräben gleichen einem Trümmerhaufen, die Unterkünfte müssen geräumt werden. Es kommt die Nacht vom 16. auf den 17. April, die Nacht, in der alle annehmen, dass nun der endgültige Zeitpunkt der Sprengung gekommen sei. Mit einem noch wilderen Höllenkonzert schießen die italienischen Truppen sich wiederum ein, dann ab 21 Uhr verstummen die Kanonen. Nun herrscht Ruhe.

Eine Stunde nach der anderen verrinnt ohne dass etwas geschieht, dann merken die Posten, dass vom Sief-Sattel einige Leute gegen den Col di Lana hinauf schleichen. Sind es die eigenen Truppen? Haben sie keine Nachricht erhalten, dass sie nicht zu kommen bräuchten? Oberleutnant Anton von Tschurtschenthaler erscheint mit seiner Mannschaft. Er hat keine Nachricht erhalten, der Meldegänger war nicht angekommen. Ruhig und ungestört geht die Ablösung vonstatten, drei Stunden lang dauert sie, bis 5 Uhr morgens. Am Ende verabschieden sich die Offiziere und Unteroffiziere mit gespanntem Blick. Hauptmann Adalbert Homa nimmt noch einmal fest die Hand von Tschurtschenthaler, hält sie lange, dann verabschiedet er sich im Bewusstsein, seinen Kameraden nie mehr wieder zu treffen.

Am 17. April um 7.30 morgens fällt der erste Schuss aus schwerem Rohr. Es sollte der Beginn sein. Immer heftiger wird das Artilleriefeuer, immer öfter fallen Granaten und Shrapnels. Henry Shrapnel hieß der englische Erfinder dieser höllischen Geschosse. Eine Hülle aus Gusseisen enthält eine Fülle von Bleikugeln. In der Luft explodiert die Granate, und in einem Umkreis von 200 Metern verteilen sich die Kugeln mit schrecklicher Gewalt. Den ganzen Tag über wird geschossen, schwere Mörser detonieren in der Nähe der österreichischen Kavernen. Die Kaiserjäger ziehen sich in die Unterstände zurück, griffbereit die Gewehre und Handgranaten in der Hand haltend, um einem eventuellen Angriff sofort entgegenzutreten. Nur wenige Posten sind auf Stellung. Schon erreichen die abgefeuerten Granaten den Kaverneneingang und versperren ihn mit Felsblöcken und abrutschendem Material. Pulvergase dringen in die nicht ventilierte Höhle und erfüllen sie mit giftigen Gasen. Die hundert Mann sind in höchster Not, drohen sie doch zu ersticken. Schon fallen die ersten Männer in Ohnmacht, große Schlafdecken werden geschwungen, um die Luftzirkulation wenigsten geringfügig in Bewegung zu bringen. Es grenzt an ein Wunder, dass bis zwei Uhr nachmittags erst ein Mann sein Leben hat lassen müssen. Dann, um 21.00

Uhr wird es wieder ruhig. Die Kampfgräben sind zerstört, die Zugänge zu den Stellungen zum großen Teil verschüttet. Ein Gefühl der Ohnmacht übermannt die Leute. Sie können nichts mehr tun, nur mehr auf das Kommende warten. Die Telefonverbindungen sind unterbrochen. Es herrscht finstere, schwarze Nacht. Fieberhaft zählt Leutnant Gelasio Caetani die letzten Sekunden, die wie eine Ewigkeit erscheinen. Die Uhr zeigt 23.35. Der Berg erzittert, als wolle er mit einen lauten Krachen in sich selbst zusammenstürzen. Dann beginnt es mit einem Druck und einem Stoß, einem Poltern und Krachen von Steinen. Im Trommelfeuer und in furchtbar einschlagenden Detonationen sammelt sich der Höhepunkt. Das laute Wehklagen und die Hilferufe der grässlich Verstümmelten übertrumpfen den höllischen Lärm. Durch die Luft katapultierte Leute liegen mit schwersten Verwundungen hilflos am Boden. Die in der Kaverne eingeschlossenen Überlebenden können nicht mehr heraus, zu intensiv klatschen die Kugeln an die Wände.

Würden bald Handgranaten in die Kaverne hinein geschleudert werden, und unter den letzten Überlebenden ein entsetzliches Blutbad anrichten? Anton von Tschurtschenthaler hat die Sprengung des Col di Lana unverletzt überlebt, mehr als hundert seiner Mitkämpfer aber sind schon tot. Mühselig versucht er Ruhe einkehren zu lassen. Der Eingang der Kaverne soll so lang als möglich besetzt gehalten werden, doch die Lage wird von Minute zu Minute kritischer. Schon gibt es auch in dieser Kaverne die ersten Verwundeten. Giftige Pulvergase füllen die Höhle, machen das Atmen unmöglich. Es erlöschen die ersten Kerzen. Was konnten sie noch tun? Versuchen aus dieser Hölle auszubrechen und zu sterben, oder hier drinnen zu verweilen und zu ersticken? Sich gar in Gefangenschaft zu begeben? Sie entschließen sich zur bedingungslosen Kapitulation. Der älteste Unteroffizier, Oberjäger Galvanini wird ausgesandt, sich mit Don Gelasio Caetani in Verbindung zu setzen, um die Übergabebedingungen auszuhandeln, dann verabschiedet sich jeder vom Nächsten. Würden sie sich jemals Wiedersehen? Sie wissen es nicht. Nach einem stummen und festen Händedruck steigen die Überlebenden durch grauenhafte Verwüstungen Richtung Bergspitze hinauf. Die Waffen werden über den Abhang hinunter geschleudert. Ein tiefer Krater tut sich ihnen auf. In Sekunden wurden hier über hundert Menschen verschüttet und getötet. Mit Tränen in den Augen treten sie zum italienischen Kommandanten und ersuchen ihn, sich um die in der Kaverne zurückgebliebenen Schwerverletzten zu kümmern. Über hundert Mann treten den Weg in die Gefangenschaft an. In den nächsten Tagen werden von den italienischen Truppen immer noch Menschen aus den Trümmern heraus gegraben. Unter Felsen und Balken warten sie verzweifelt und unter qualvollen Schmerzen auf Hilfe. Viele sind tot. Einige sind dankbar, vom Feind trotzdem noch in letzter Minute gerettet worden zu sein. Das war der Tag, als der Col di Lana, der »Blutberg«, von den italienischen Truppen in die Luft gejagt wurde.

18.000 Tote oder Verwundete forderte der Col di Lana auf österreichischer und italienischer Seite. Der österreichische Feldmarschall Ludwig Goiginger konnte am Ende sich nur resignierend fragen: „Wer ist wohl in diesen Kämpfen mehr zu bewundern, die Italiener, die trotz schwerster Verluste den todbringenden Gipfel immer von neuem gestürmt haben, oder das Häuflein Verteidiger, das in dieser Hölle standhielt und alle Angriffe heldenmütig zurückschlug?“

Gute Arbeiter werden gute Soldaten

Nachdem die Stellungen immer unüberwindbarer wurden, verlegte man den Kampf unter die Erde. Den Durchbruch wollte man dadurch erzwingen, indem man die feindlichen Positionen durch Galerien untergrub, um sie dann in die Luft zu sprengen. Straßenbauarbeiter, Mineure, Bergbauingenieure wurden somit zu wertvollen Spezialisten. Durch ihre Arbeit im Frieden beherrschten sie die Techniken, um im Krieg den Feind in die Luft zu jagen. Österreichische (links) und italienische (rechts) Sprengarbeiter bei der Arbeit. Technisch gesehen waren die italienischen Mineure den Österreichern weit überlegen. Es mag lächerlich erscheinen: Wo sich die Österreicher noch mit Hammer und Stemmeisen durchplagten, verfügte die italienische Gegenseite über modernste Pressluftbohrer. Unten: Italienischer Stolleneingang am Fuße des Col di Lana.

Der Kampf um den Himmel

Emil Uzelac, Kommandant der k. u. k. Luftfahrtruppen ist seiner Zeit voraus. Er sieht im Flugzeug den Beginn einer Revolution. "Der Jagdflieger schützt die eigenen Arbeitsflugzeuge vor Angriffen feindlicher Flieger, greift feindliche Jagdflieger an, verjagt sie und schützt damit die eigenen Infanterie und Artillerie..." In der gleichen Zeit, wo die Autos noch Schwierigkeiten hatten, mehr als 30 Stundenkilometer zu fahren, entwickelte jeder der Krieg führenden Nationen Flugzeuge, die imstande waren mit 200 Stundenkilometer dahinzufliegen und mehr als drei Stunden in der Luft zu bleiben. Und doch erkannte man lange Zeit nicht die wahren Vorteile des Fliegens. Anfangs stand noch die Flugaufklärung mit Fotoapparat im Vordergrund. Man überflog gegnerische Stellungen und versuchte aus den Veränderungen Rückschlüsse auf Truppenbewegungen zu erzielen. Dann endlich stattete man die Flugzeuge mit Maschinengewehren aus, anfangs noch, musste in den einsitzigen Maschinen der Pilot fliegen und gleichzeitig auch auf die Ziele feuern, dann erfand man leistungsfähigere Motoren, um die Flugzeuge sowohl mit mehr Sitzen auszustatten, als auch Lasten mitzuführen. Zwei Fliegerkompanien zu je 4 Flugzeugen waren bei Kriegsausbruch in Tirol stationiert, hauptsächlich Etrich-Taube-Flugzeuge. So blieb der Anblick eines Flugzeugs in den Dolomiten ein höchst seltenes Ereignis. Den Piloten ließ man Freiheit in der Auswahl der Kleidung, um sich vor der klirrenden Kälte in der Höhe zu schützen, die Ausfallquote war hoch. Zum großen Teil waren es technische Gebrechen, gegen Kriegsende entwickelte sich der Luftkampf, doch aufgrund der Überlegenheit der Alliierten Luftwaffen endeten die Kämpfe im italienischen Raum fast stets mit dem Abschuss der österreichischen Piloten.

Oben: Eine der ersten Luftaufnahmen der Dolomiten aus dem Winter 1916. Sie zeigt den Monte Piano und unten den Dürrensee von Toblach durch das Höhlensteintal kommend.

Linke Seite: Ein deutscher Doppeldecker, ist zusammen mit den ersten Truppen des deutschen Alpenkorps zu Kriegsbeginn 1915 auf dem Toblacher Feld gelandet. Die ersten Flugzeuge waren noch sehr störungsanfällig und jeder Flug bedeutete für den Piloten ein Himmelfahrtskommando. Im Vordergrund stand am Anfang die fotografische Dokumentation der Geländeveränderungen.

Eine höchst bemerkenswerte Aufnahme. Ein Doppeldecker ist auf dem Feldflugplatz bei Bruneck notgelandet. Es herrscht Ratlosigkeit in den Reihen der Helfenden.

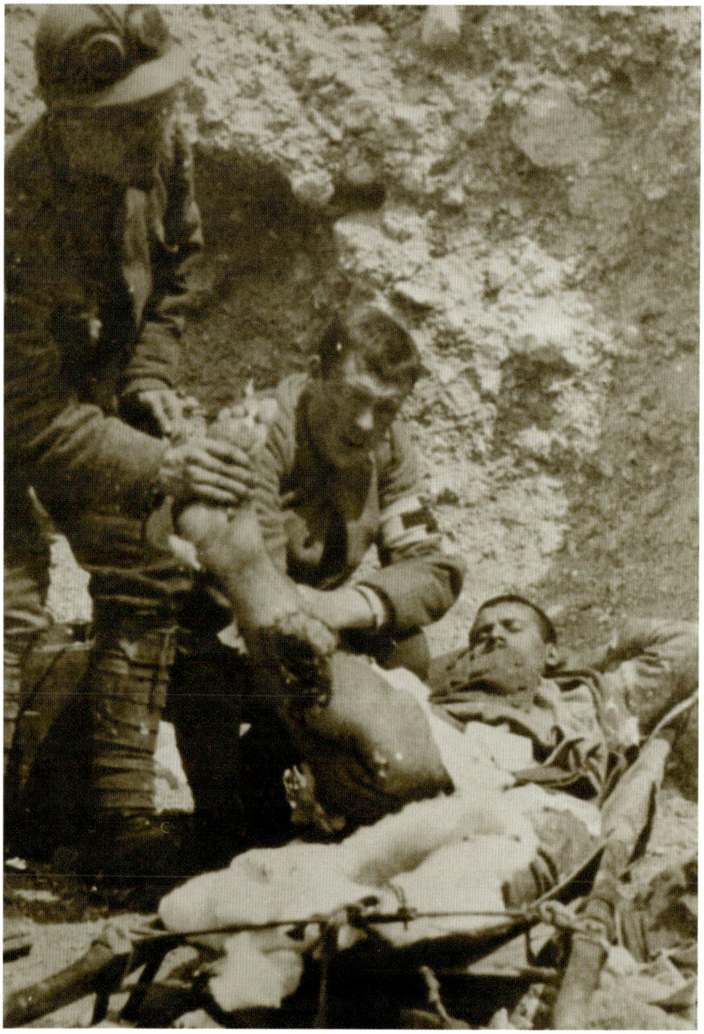

Der Heimatschuss

Schussverletzungen wurden in der Soldatensprache oft als "Heimatschuss" betitelt. Der Betroffene konnte hoffen, nach einer ersten Versorgung im Lazarett zu landen. Und nachdem er leidlich geheilt war - zur völligen Genesung für eine unbestimmbare Zeit in die Heimat entlassen zu werden. Die Wirklichkeit sah aber meist anders aus. Verwundete starben oft nach tagelangen Qualen auch an kleineren Verletzungen, weil sie im Kampfgetümmel nicht versorgt werden konnten. Gelang es sie zu bergen, mussten sie oft einen schwierigen und schmerzhaften Transport in das sichere Hinterland auf sich nehmen .Nach größeren Schlachten oder Gefechten waren die Feldlazarette so überlastet, dass viele Verletzte einfach verbluteten.
Oben links: Ein italienischer Soldat wird von Sanitätern notdürftig versorgt.
Oben Mitte: Ein Bosniake versorgt in Gröden einen am Kopf verwundeten Kameraden.
Mitte unten: Obwohl dieser verwundete Soldat geborgen werden konnte, erlag er im Lazarett seinen

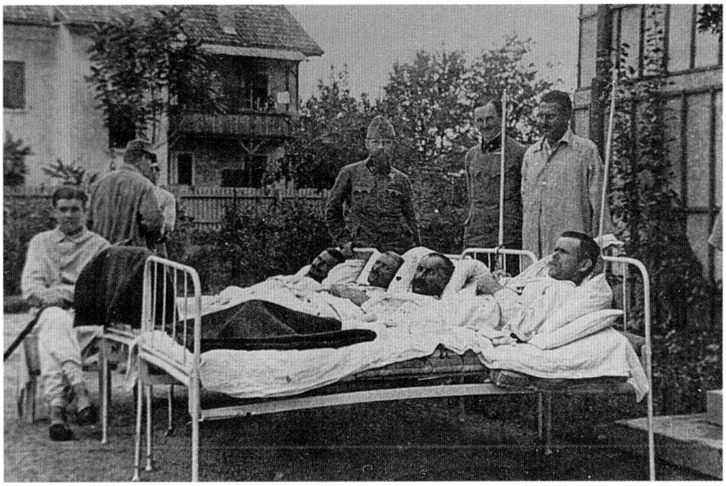

schweren Verletzungen.
Rechts oben: Der fassanische Soldat Cipriano Sopperra im Militärkrankenhaus nach der Amputation eines Beines.
Rechts: Fast wie im Frieden. Oft erlebten verwundete Soldaten bei ihrer Genesung in Lazaretten nach monatelangem Einsatz an der Front ein friedliches und normales Leben. Die Not und die Entbehrungen der Front waren weit weg und gerieten leidlich in Vergessenheit.

Die Festung Tre Sassi am Valparola-Paß erinnert heute noch an die Unsinnigkeit des Krieges. In den ersten Kriegstagen entbrannten um diese Festung heftigste Patrouillengefechte. Immer wieder versuchten die italienischen Truppen über den Pass in das Gadertal einzudringen. Tausende von Artilleriegeschossen gingen auf die Festung nieder und zerstörten sie.
Unten: Da die Festung Tre Sassi den italienischen Artilleriefeuer nicht Stand halten kann, wird die Bewaffnung der Festung in nahe gelegene Stellungen und Felsgalerien am Hexenstein verlegt. Die Festung selbst wird zum Schein noch weiter beleuchtet, um das feindliche Artilleriefeuer von den eigentlichen Abwehrstellungen fernzuhalten. Im Bild ein aus der Festung Tre Sassi in einer Felsgalerie des Hexenstein verlegtes Geschütz.

Manch einer zerging

ohne Kreuz und Hügel

Der Col di Lana am Tag der Sprengung (links) und gleich nach der Sprengung. Dadurch wurde der Col di Lana bekannt. An die 18.000 Soldaten fielen oder blieben verwundet liegen. Unten: Am Col di Lana: Wurde nicht gekämpft, gab es trotzdem keine Atempause. Stellungen mussten nach jedem Angriff wieder in Stand gesetzt werden oder nach jedem Schneefall ausgeschöpft werden. Eine schier unendliche Arbeit. Mitte links: Zu Beginn der Kämpfe waren es vor allem kleine Einheiten, die die italienischen Angriffsversuche abwehrten. Kleine Patrouillen konnten oftmals ganze Regimenter mit gezieltem Feuer aufhalten. Mit der Zeit erstarrte die Front und es begann ein hartnäckiger Stellungskrieg. Mitte rechts: Die Opfer während des Krieges waren oft dramatisch. Ganze Kompanien und Bataillone wurden aufgerieben. Mit jungen unerfahrenen Soldaten wieder aufgefüllt, in den Kampf geschickt und wieder dezimiert. Das Bild zeigt die Reste des Standschützenbataillon Enneberg im November 1917. Nach zwei Jahren Krieg ist das Bataillon durch Ausfälle zu einer schwachen Kompanie zusammen geschrumpft.

Gefangene aus fernen Ländern

20.000 Russen hatte man ins Grödental verfrachtet, wie Vieh. Eine Seilbahn auf das Grödner-Joch musste erbaut werden, Straßen erweitert und vor allen Dingen eine Eisenbahnlinie von Klausen nach Gröden erbaut werden. Dazu wurden sie noch als Holzarbeiter, Träger und andere niederen Dienste eingesetzt. Zusammengepfercht in überfüllten Lagern wurden sie von Epidemien und Krankheiten niedergemäht oder starben aus Entkräftung. Ewig in Erinnerung eingeprägt hat sich bei Albert Moroder aus St. Ulrich, als in dessen Haus, er war noch ein Kind, ein abgemagerter Russe eines Tages heimlich Einlass begehrte. Zehn Kinder habe er daheim, so zeigte er mit seinen Fingern. „Meine Mutter beunruhigte dies, ihr Herz wurde erregt. Sie gab ihm ein Stück Brot und er kniete vor ihr nieder, um ihr die Füße zu küssen."

Trieb sie die Not dazu, aus ihren Baracken auszubrechen und wurden sie gefangen genommen, wurden sie noch qualvoller behandelt? Guglielmo Degiampietro aus Forno im Fleimstal erlebte die russischen Kriegsgefangenen als Holzarbeiter. „Sie erhielten einen Brotleib, einen Kilo schwer. Mit einer Art Apothekerwaage teilten sie ihn. Ein jeder bekam eine Schnitte und dann den ganzen Tag nichts mehr." Es war ein Kampf ums Überleben. Bei dem der Tod sehr oft Sieger blieb. „In unserem Dorf gab es keine Abwasserleitungen, sodass das Schmutzwasser einfach auf die Straße geleert wurde. Wenn sie unter uns vorbeimarschierten, suchten sie nach einer Kartoffelschindel. Entdeckten sie eine, stürzten sie sich darauf, um hernach von den Wächtern den Gewehrlauf auf die Schulter geschlagen zu bekommen."

Am 14. September 1915 begannen sie mit dem Bau der Grödner Bahn. Nicht einmal ein halbes Jahr später, am 8. Februar 1916 fuhr der erste Zug von Klausen nach St. Ulrich.

Der Bau der Grödner Bahn, von Klausen nach St. Ulrich, stellt eine Pionierleistung ersten Ranges dar. Zumeist russische Kriegsgefangene brachen durch das schwierige Gelände Stollen in den Felsen, bauten auf wackeligen Holzbalken Brücken und ebneten das Gelände für die Eisenbahn. Dadurch war man imstande, die südliche Dolomitenfront schneller und effizienter zu versorgen.

Kampf um die Marmolata

Ein Blick vom Gipfelbereich der Marmolata nach Süden. Hier lieferten sich Kaiserjäger und Standschützen, Alpini und Bersaglieri heroische Kämpfe, wobei das Heldentum des Einzelnen im Vordergrund stand. List und Fantasie, technische Neuerungen und Belastbarkeit im Extremen waren gefragt. Der Krieg im Innern der Glet-

scher wurde hier geboren, unzertrennbar verbunden mit dem Innsbrucker Ingenieur Leo Handl. Hier an der Marmolata mähten Lawinen in den schneereichen Wintern 1915-1916 hunderte Menschen auf einmal in den Tod.

Zum ersten Mal werden hier einer breiten Öffentlichkeit das einzigartige Fototagebuch von Fritz Malcher, Architekt aus Baden bei Wien, gezeigt. Auf zerbrechlichen Glasplatten, zu jener Zeit noch in Gebrauch, Tag um Tag das Geschehene an der Marmolatafront dokumentiert. Eindringlicher hätte man den Werdegang des Krieges

nicht darstellen können. Wie in einem Crescendo fängt Malcher mit der Beschaulichkeit der ersten Monate an, die ab dem Winter 1915-1916 immer mehr zu einem schrecklichen Kampf gegen die Naturgewalten und die Verbissenheit der Menschen um den 3.344 m hohen Gipfel wird. Und mit noch größeren Schrecken ausklingt.

Die Marmolatawacht

An einer banalen Blindarmoperation stirbt am 4. Oktober 1933 in New York der bekannte Architekt Fritz Malcher, 45 jährig. Er wäre zu höherem berufen gewesen, hätte er mehr Glück gehabt. So steht er da, als einer der vieles begann und mehr noch unvollendet hinterließ. In New York projektierte er Straßen und Plätze, in Wien entwarf er einen Vorschlag zur Umgestaltung der Kärntner Straße. Geldmangel, Bürokratie machten ihm fast alles unmöglich. Schwierigkeiten um sein Arbeitsvisum verhinderten ihm, den aus Baden bei Wien stammenden Österreicher einen ganzen Straßenzug in New York in Angriff zu nehmen.

Im Herbst 1915 wird Fritz Malcher an die Dolomitenfront berufen. 27 Jahre ist er alt, sein Vater Rudolf, ein südafrikanischer Großkaufmann, ließ ihn in Wien und München Architektur studieren. An der Marmolatafront ist sein Einsatzgebiet. Im Jahr 1915 geht es für ihn noch eher beschaulich zu, die Schrecken des Krieges erlebt er erst zu Beginn 1916. Vorher aber heiratet er zu Weihnachten noch in Triest Lotte Buchler. Seine große Leidenschaft aber gilt dem Fotografieren. Tag um Tag hält er mit seiner großen Kamera auf Glasplatten die Einzelheiten fest. Es sind ergreifende und hautnahe Zeugnisse über das Leben an der Front, der Zuversicht und der Leiden. Kaum jemand hat es im Ersten Weltkrieg geschafft, durch die chronologische Fotodokumentation, aneinander gereiht Tag für Tag, ein so eindringliches Gesamtbild zu ergeben. Er bleibt an der Marmolata bis die Kämpfe immer mörderischer werden. Er erlebt noch den Beginn der unterirdischen Stollen und Gletscherpaläste. Dann,eines Tages stürzt Fritz Malcher ab, verletzt sich schwer. Der Krieg ist für ihn zu Ende. Nicht aber in seinem Geist. Er ordnet die Glasplatten, zeigt ein paar Jahre nach Kriegsende die Zeugnisse vor kleinem Publikum.

Am 16. November 1926 hält Architekt Fritz Malcher, aus Baden bei Wien, als Zeitzeuge an der Marmolatafront, einen Vortrag über seine Erlebnisse im Krieg. Auszugsweise werden Anführungen dieses Foto-Tagebuches zum ersten Mal veröffentlicht.

Herbst 1915

Detailgetreu zeichnet Fritz Malcher wie ein fotographischer Tagebuch-Chronist die Tage auf. Am ersten Tag wird er neben vielen anderen neben dem Karersee-Hotel, dem Sitz des Kommandos für den Abschnitt Marmolata einquartiert. Noch schwärmt Malcher von der „verlockenden Schönheit des Rosengartens“. „Und wirklich prachtvoll ist der Rückblick auf den Karerpaß und dem ansteigenden Latemar.“ Zu Kriegsbeginn wurde das ganze Gebiet noch von der 90. Infanterie-Truppen-Division, unter dem Kommando des Feldmarschallleutnant von Scholz-Bennoburg und dem bayerischen Alpenkorps, verteidigt. Dann nach 6 Monaten, im Oktober 1915 werden die Bayern vom 4. Kaiserjägerregiment abgelöst. Damit beginnt auch für den zukünftigen Architekten der bittere Ernst. Vorbei an Arbeiterbaracken, der im Krieg gefangenen Russen, machen sich die Kaiserjäger zum Abmarsch bereit. Die Marmolata als strategisch wichtiger Gipfel soll besetzt werden.

Oben: Schnee liegt schon zu dieser Zeit am Pordoijoch und so müssen sie das Auto mühsam hinaufschieben. Am Gipfel werden sie zum ersten Mal hautnah mit den Schrecken des Krieges konfrontiert. Unten: An einem verlassenen Friedhof liegen die Gräber der ersten Gefallenen. Noch liegt das Marmolata-Massiv, mit Ausnahme einiger Patrouillengänge, unberührt da. Dies soll sich bald ändern. Die Front hatte man bis Ende Juli 1915 nach Osten bis Arabba vorverlegt und so schloss sie nun unmittelbar an dem berüchtigten Col di Lana an.

Während sich die Italiener im Cordevole-Tal sammelten, kamen die Österreicher über das Fassatal durch das Contrin-Tal südlich der Marmolata zum Ombretta-Pass und im Norden zum Fedaia-Pass vor. Die eigentlichen Gipfel der Marmolata interessierte in den ersten Kriegsmonaten 1915 kaum jemand. Man glaubte an ein schnelles Kriegsende. Oben: Notdürftig ist die Pizatsc-Stellung auf 2.200 m Meereshöhe mit notdürftigem Drahtverhau geschützt. Unten: Wenige Wachen sichern noch das Vordringen des Feindes ab. Im Vordergrund sieht die einsame Wache von der Pizatsc-Stellung den Col di Lana vor sich, ganz im Hintergrund die Spitzen der Tofane.

Von der Fedaja-Stellung geht es weiter in das richtige Marmolata-Gebiet. Vom Feind war dieser Bereich eingesehen und deshalb wurde mit viel Fantasie ein, fast einen Kilometer langer und als Schutz vor feindlichem Beschuss überdeckter Gang, bis zur oberen Bescul-Stellung angelegt. Im Inneren des Ganges wurden sogar Geleise angelegt, um Transporte leichter durchführen zu können.

Am Mezodì-Kreuz, auf 2.700 m, wurde am Felsrücken – wie angeklebt – ein Geschützstand errichtet. Lange Zeit versah dort Leutnant Ulrich, mit einer kleinen Mannschaft und einem einzigen alten kleinen Geschütz, 500 m von den italienischen Truppen entfernt, seinen Dienst. Mit diesem Geschütz musste er sich sowohl gegen Norden, als auch, in dem es auf Rädern hin- und her bewegt wurde, gegen Süden hin verteidigen.

Immer wieder schlagen die feindlichen Bomben ein. Auch wenn sie nur von einer kleinen 15 cm Kanone stammen, schleudern sie Steine meterhoch empor. In mühsamer Arbeit wurden zwischen den Stellungen Laufgräben wie tiefe Wunden in den Felsen oder das Gestein gesprengt.

Dann kommt der Winter 1915-16. Links oben: Noch zeigt sich die Fedaja-Stellung gemütlich. Am Telefonunterstand laufen die Nachrichten aus allen Teilen zusammen. Rechts oben: Doch innerhalb einer Nacht verändert sich dramatisch das Geschehen. Der Unterstand verschwindet unter zwei Meter Neuschnee, dort wo Treibschnee sich ansammelt, sind es an die vier Meter. Und es war bei weitem nicht der schlimmste Schneefall im Ersten Weltkrieg.

Hundert russische Gefangene müssen in harter Arbeit den Weg freischaufeln. Zur Tür hin muss eine Schneehöhle frei gemacht werden, um zu den dringend benötigten Lebensmitteln zu gelangen. Trotz seiner Höhe von fünf Metern wurde der Unterstand vom Schnee vollkommen zugedeckt. Die Fedajastellung war im Schnee versunken, und teilweise musste man die Soldaten an den Händen hinaufziehen. Für Tage ruhte auf allen Seiten das Kriegsgeschehen und die Truppen waren mehr als beschäftigt sich notdürftig frei zu schaufeln.

Vom Pian Trevisan bei Canazei ging es mit mehreren, mehr schlecht als recht errichteten, Bergseilbahnen in die Höhe.

Streng verboten war der Transport von Personen, doch niemand hielt sich daran. Die zum Marmolatagipfel hin gerichteten Hochstellungen wurden mit drei Seilbahnen – der Gran Poz-Bahn, der Col Bous-Bahn und der D-Bahn erreicht.

Rechts unten: Über einer Wandstufe pendelt die Bahn 180 Meter über dem Boden dahin. Etwas weiter oben ereignete sich einer der seltsamsten Zufälle, die das Unglück mit unwahrscheinlichem Glück paaren.

„Mitten in der Strecke riß einmal das Drahtseil. Auf dem kleinen Wagen saß ein junger Kadettaspirant... Der Wagen mit dem Kadettaspiranten stürzte nur so tief, als es die eintretende Spannung des Zugseiles zuließ, dann schnellte – wieder durch die Spannung des Seiles – der Wagen mit dem Kadettaspiranten hoch hinauf in die Luft, um dann abermals hinunter zu stürzen. Dieses Hinauf- und Hinab-Gerissenwerden mit einem Ausschlag von ca. 40 m – wiederholte sich, bis der junge Mann beim 3. Male Hochsteigen die Besinnung und damit den Halt verlor und im großem Bogen an die 70 m kopfüber im tiefen Schnee der großen Mulde verschwand. – Weg war er. - Die dem grausigen Schauspiel von beiden Stationen aus Zusehenden hatten Mühe sich vom Entsetzen zu erholen, worauf sie begannen zu dem Verunglückten hinunter zu steigen. Aber nicht lange, denn plötzlich bewegte sich etwas im Schneeloch, das durch den Absturz entstanden war, fauchend und pustend kroch eine Gestalt ganz lebendig aus dem Schnee heraus. Sein linkes Schlüsselbein war etwas eingeknickt, das war alles.“
(Fritz Malcher– Aufzeichnungen)

Hoch oben, knapp unterhalb des Gletschers liegen die Feldwachen 1 bis 5. Eine Lawine hatte die hoch oben in den Gletscherregionen gelegene Feldwache 3 zerstört. Sie wurde in der Nähe mit Blick auf den Gran Vernel und dem Mulon wieder aufgebaut.

Am Fuße des Moulon wurden die Feldwachen 1 und 2 errichtet, um die feindlichen Bewegungen zu beobachten und abzuwehren. Um zu ihnen zu kommen, werden Skier bevorzugt. Diese Feldwachen wurden auch immer wieder von den Lawinen fortgerissen. An den wenigen sonnigen Tagen dagegen konnte man es sich gemütlich machen. Der Haarschneider sorgt im Angesicht des Langkofel für adrettes Aussehen. Gerade diese einfühlenden Szenen, zwischen Krieg und Muße zeigen die Einfühlsamkeit des Fotografen in eindrucksvoller Weise.

Auch am südlichen Teil der Marmolata, an gewaltig überhängenden Wänden wurden Stützpunkte errichtet. In beschwerlichem und ausgesetztem Marsch geht es von Canazei im Fassatal durch das Contrintal in Richtung Vernel-Scharte. Die Hauptgipfel der Marmolata dagegen waren Niemandsland. Auf 2.805 m Höhe befindet sich der noch im Jahr 1915 höchst gelegene Stützpunkt. Firnschnee bildet hier Teil des Stellungsschutzes gegen feindliche Geschoße. Im Südosten liegen die Spitzen der Ombretta. Es handelt sich hier um Aufnahmen, die unter äußerst schwierigen Umständen gemacht wurden.

Steile Felswände, im Winter tief verschneit und lawinengefährlich, wurden von einem gedeckten Stufengang versehen. Stolz nannte man dieses Meisterwerk menschlicher Kunst die „Himmelsleiter“. Sie stellt die Verbindung zwischen dem Pra di Contrin und dem Col Ombert dar.

Über hundert Träger sind jeden Tag und bei jeglicher Witterung einzig und allein notwendig, um Versorgung für die an der Costabella- und der Lastei-Scharte Dienst tuenden Truppenteile zu bringen. Der beschwerliche Weg konnte vom Feind eingesehen werden und lag dauernd unter Beschuss.

Dort, in der Nähe der Lastei-Scharte hatte man einen notdürftigen Unterstand errichtet. Unterirdische Schneegänge verbanden die verschiedenen Stellungen untereinander.

Eine sensationelle Aufnahme: Am Ende einer kleinen, in den Felsen geklemmten Leiter, die über einen Kamin höher führte, tat die vorgeschobene Feldwache an der Lastei-Scharte ihren Dienst. (Pfeil) Nirgends war die Entfernung zum Feind so nah. Nur sieben Meter trennten die beiden kriegführenden Parteien.

So war es den Österreichern schon gegen Jahresende 1915 gelungen, überall auf der Marmolata Posten zu errichten, die teilweise so ausgesetzt waren, dass es uns heute unvorstellbar erscheint, dass diese Tag und Nacht, Sommer wie Winter besetzt werden konnten. Diese Stellung am Allochet-Kamm bildet den südlichen Abschluss der Marmolata, und manch ein Posten musste in Anbetracht dieser Umstände zum Einsiedler verkommen. Manchmal herrschten über Wochen Durchschnittstemperaturen von 20 Grad unter Null, brausten Stürme über die Baracken hinweg, oder entluden sich Blitze über die Stellungen an den ausgesetzten Graten. Gerade deswegen lassen uns heute diese Aufnahmen noch mehr Schaudern und das Wesen des Krieges in neuen Nuancen erahnen.

Trotzdem ging es in den Unterständen manchmal sorglos und heiter zu. Der schneereiche Winter 1915-1916 ließ das Kriegsgeschehen ruhen. Umso eindringlicher begann man sich derweil damit zu beschäftigen, wie man den Gegner in die Schranken weisen konnte und wie man die noch dringendere Frage des Nachschubs und hier des ungefährdeten Transports bewältigen konnte.

1916

Von Canazei aus sollte auf das Sella-Joch mit einer Abzweigung zum Pordoijoch eine Drahtseilbahn errichtet werden. Diese Bahnen hatten sich am zweckmäßigsten erwiesen. Doch vorerst war eine Menge Schwerarbeit zu leisten. Hunderte Kriegsgefangene, meist russischer Herkunft, wurden eingesetzt, um zuerst einmal den Weg zum Sella-Joch vom metertiefen Schnee freizuschaufeln. Dann wurden die Kriegsgefangenen wie Rösser vor den riesigen Kessel - Antriebsteil einer Elektrozentrale – gespannt, um das Ungetüm langsam in die Höhe zu ziehen. Viele Kilometer. Um das Gewicht leichter in Bewegung zu halten, hatte man alles auf Schlittenkufen gelagert. Zudem hatte man noch den Zugmotor eines 30,5 Mörsers vorgespannt, doch der war bei weitem zu schwach. Auf der anderen Seite des Sella-Joches wirkten entgegengesetzt Kräfte: das Riesenwerk musste langsam ins Tal nach Canazei gebremst werden. Diese Szenenfolge gibt ein eindrucksvolles Bild dieses Kraftaktes.

In harter Arbeit hatte man alle Vorbereitungen getroffen, um die Drahtseilbahn – als Wunderwerk der Technik – in Gang zu setzen. Anfang 1916 war es so weit. Von Canazei aus ging der Lift auf das Sella-Joch mit einer Abzweigung zum Pordoijoch in Betrieb.

Der Nachschub konnte nun schnell und ungehindert transportiert werden.

Man machte sich wenig Gedanken um die eigene Sicherheit. Ein schlechtes Fahren wurde einem Fußmarsch stets vorgezogen und in Kauf genommen.

Nun folgen einzigartige Aufnahmen der Eroberung und Sicherung des über 3.300 m hohen Gipfels der Marmolata. Dieser Bereich war bis Ende 1915 unberührt geblieben. Das erwies sich zunehmend als gefährlich, konnten doch die über 3.000 m hohen Gletscherbereiche strategisch die darunter liegenden Gebiete beherrschen. So wurde an der Marmolata-Scharte (Bild Feldwache) unter einem überhängenden Felsen die Schölzhütte errichtet, um von dort aus, den Angriffen der Italiener Stand zu halten. Benannt ist sie nach General Scholz, dem Kommandeur der 90. Infanterie-Division.

Die Scholzhütte, auf 3.042 m am Westgrat der Marmolata gelegen, bot Platz für 50 Mann der Marmolata-Gipfelbesatzung. Man richtete die Hütte auch innen so wohnlich als möglich ein. Diese einzigartigen Aufnahmen zeigen die "Einweihung" der Schölzhütte am Ostersonntag 1916. Draußen stürmte es und tobten orkanartige Böen, Schneewächten brachen dauernd herunter, und trotzdem gab es im Innern ausgelassene Feststimmung. Hatten sie doch müssen jedes einzelne Bretter in mühseliger Arbeit in die Höhe tragen. Mit diesem Husarenstreich schrieben die österreichischen Truppen Geschichte.

Bis Ende Mai 1916 wurden diese vorgeschobenen Stellungen noch weiter ausgebaut. Am Nordgrat der Marmolata sogar ein Geschütz hinaufgezogen und aufgestellt.

Fast jede Nacht wird im Februar und März 1916 Material für den Ausbau der Gipfel-Stellung auf 3.344 m hinaufgetragen. Wege wurden in die Lawinen gefährdeten Hänge hineingebaut. Sehr oft konnte nur nachts oder bei düsterem Nebelwetter gegangen werden. Ganz unten: Tagsüber, wurden im Freien weiße Schneemäntel zur Tarnung getragen. Am Westgrat auf 3.100 m beobachten zwei Patrouillengänger die Umgebung.

„Februar, 10 Grad Kälte. ... Schwer und mühsam schreitet eine lange Kolonne schweigsamer Männer von der Zwischenstation über den Gletscher der Marmolatascharte zu. Paarweise zweimetrige Bretter oder Kanthölzer tragend, brechen die einzelnen unter der großen Last oft knietief in den tagsüber gefallenen Schnee ein. ....Die Kälte dringt durch die Fäustlinge, langsam erstarren die Hände und können so die Griffe kaum mehr fassen. ... Immer wütender werden die Stöße des Sturmes und nur das Kauern im Firn lässt sie leichter ertragen. ....Wieder erklimmt der Vordermann die Felsen, sichert und mühsam hebt der zweite sein Brett auf den Rücken. Kaum hat er einige Schritte getan, kommt ein Sturmstoß, rüttelt am Brett und hebt es hoch. Der Träger hält es krampfhaft und lässt nicht locker. Da erfasst der Sturm den Mann samt dem Brett und hebt beide auf. „Auslassen“ brüllt der Führer des Zuges, der von hinten diesen schauerlichen Moment im plötzlichen Mondlicht sieht. Der Mann lässt los, stürzt und im weiten Bogen fliegt das Brett über die Südwand, hinunter zu den Italienern......

Der Vordermann hilft so gut es geht mit dem Seil und so erzwingen sich die Leute die Höhe von 3.166m, deren Firnhaube die Windfahnen über den Grat wehen lässt. Nun geht es leichter. Immer seltener ist der Firn durch Felsstufen unterbrochen, dichtet schließt sich die Kolonne und nach einer halben Stunde, eineinhalb von der Scharte aus, ist der Gipfel erreicht. Hier werden die Bretter und Kanthölzer aufeinander geschichtet, bald wird es so weit sein, dass die Hütte aufgestellt werden kann. Nach kurzer Rast geht es an den Abstieg. .....

Da aber sind plötzlich die Wolken verschwunden und der Mond scheint ungehindert auf die Kolonne. Nun heißt es laufen, denn schon zischt und kracht es über den Köpfen. ......

Einem phantastischen Feuerwerk gleich blitzen die Garben und Schrapnells über den mondbeschienenen Gletscher, scharf knallen die Explosionen und lösen grollende Echos von den Eis- und Felswänden der Marmolata.“ (Original Fritz Malcher)

Der Gipfelsieg ist errungen. Auf der Punta Penia, auf 3.344m Höhe, wird eine Unterkunft errichtet. Es ist vor allen Dingen ein Sieg für das eigene Ego, der Erstbesteigung eines Gipfels gleich.

Der Unterstand auf dem Gipfel der Marmolata war klein, für nur 6 Personen ausgelegt, ganz in Eis gebaut und sehr schnell auch davon umschlossen. Lange Zeit wurde der Gipfel von den Gegnern in Ruhe gelassen, mehr noch aber waren es die Naturgewalten, die fürchterlich wüteten. Mochte auch der Ausblick vom Gipfel noch so romantisch sein.

„Saßen da sechs Mann dicht nebeneinander in der kleinen Hütte, als das Gewitter sich dunkel zusammenzog und dachten an keine Gefahr. Da blitzten kleine Funken zwischen den Nägeln der Bergschuhe auf und knatterten von einem Schuh zum andern. Nun wurde die Sache unheimlich. Schnell die Schuhe ausgezogen und mit allem was Eisen war: Gewehre, Beile, Pickel, Draht usw. zur Tür hinausgeworfen, sogar der kleine Ofen musste daran glauben. Kaum war es so weit, so gab es einen furchtbaren Schlag und alle sechs Mann lagen am Boden, hingeworfen von dem elektrischen Spannungsausgleich, der um den Unterstand erfolgte, denn nicht in diesen, sondern in das Eis um die Hütte fuhren die Blitzschläge. Siebenmal hintereinander trieb der Blitz sein schauriges Spiel mit den Männern, die, am Boden gekauert, jedes Mal wieder niedergerissen wurden. Taumelnd und fast besinnungslos waren sie dieser Gewalt preisgegeben." (Fritz Malcher)

Die Besetzung der höchsten Erhebungen in der Marmolata durch die Österreicher konnte von den Italienern nicht so ohne hingenommen werden. Am 8. April 1916 nehmen verwegene Soldaten des Alpini-Bataillons „Cordevole" die Serauta-Scharte im Handstreich. Die Serautascharte, auf 2.900 m, und der Serautafelsen knapp darüber auf 3.05 m, auf dem Hauptgletscher der Marmolata gelegen, werden ab jetzt immer mehr zum Mittelpunkt erbitterter Kämpfe. Am 13. April 1916, einer besonders kalten Nacht und unter ungünstigsten Bedingungen, sind es wiederum die österreichischen Truppen die die Serautascharte wieder zurückerobern und trotz erbitterter Kämpfe unter schlechtesten Umweltbedingungen die Oberhand behalten. Endlich, am 30. April 1916 bringen erneut und auch endgültig die italienischen Truppen unter Hauptmann Menotti Garibaldi, einem Verwandten des Freiheitskämpfers, die Serautascharte in ihren Besitz. Es ist ein Sieg der Symbolkraft hat. 1.800 m Hanfseile wurden dabei gespannt, um diese Scharte frontal und im Handstreich fallen zu lassen.

Den ganzen Sommer 1916 gab es rund um die Serauta-Felsen erbitterte Kämpfe. Da für die Österreicher damit auch der Nachschub immer mehr abgeschnitten zu werden drohte, besann man sich, in die Gletscherspalten und Brüche Verbindungen zu den einzelnen Stellungen herzustellen. Dies war Neuland. Über die Möglichkeiten einer dauerhaften Besiedelung des Gletscherinnern gab es noch keine Erfahrungswerte. So begann man ganze Barackenstädte in den Gletscher hinein zu bauen.

Die wundervollen Bilder und Dokumente eines Teilbereichs des Krieges in den Dolomiten von Fritz Malcher enden mit diesem Bild. Ein neuer Pionier sollte nun Kriegsgeschichte schreiben. Der geistige Vater der Städte im Gletschereis: der junge Hauptmann Leo Handl, neunundzwanzig Jahre alt.

llen für Skitruppen
Weltkrieg 1914/18

Die Stadt im Eis

Die Serauta muss unter allen Umständen von den Österreichern gehalten werden. Dieser Befehl ergeht über Major Bilgeri an den neunundzwanzigjährigen Hauptmann Leo Handl. Und der geht in die Geschichte durch eine Erfindung ein: Die Gletscherstollen im Eis. Unterhalb der Serautafelsen macht er zwei Randspalten aus. Diese beiden Höhlen will er mit der Stellung am Südfuß des Dodici verbinden.

Er beschreibt den Beginn seiner Tätigkeit „Gleich an mehreren Stellen wurde das von mir auf der Karte entworfenen Stollennetz in Angriff genommen. Nur ging uns zwar leider recht bald der kostbare Sprengstoff aus, dafür hatten wir aber gelernt die Eishacken, Brechspieße und Bohrer so praktisch herzustellen, dass bei ununterbrochener Arbeit in 24 Stunden ein Fortschritt von 6 bis 8 m erzielt wurde. Im Herbst 1916 war Hochbetrieb. Mitten im Gletscher waren an geeigneten Punkten Holzbaracken in offenen Spalten gebaut worden, von denen aus nach zwei Seiten gebohrt wurde."

Zusammen mit dem Bergführer Antonio Jori aus Penia im Fassatal findet Leo Handl immer neue Spalten, die seine Bohrtätigkeit erleichtern. Im Herbst 1916 windet sich schon ein über acht Kilometer langes Stollensystem durch die Gletscher der Marmolata.

Feldkurat Martin Matschik ist beliebt unter den Soldaten an der Marmolata; sie schätzen ihn als einfühlsamen Geistlichen, noch mehr aber als Kameraden und Weggefährten inmitten der grauenvollen Tage des Krieges. Wem die Stunde schlug, dem spendete er mit seinen einprägsam tief wirkenden Worten den letzten Trost, den Verwundeten half er, so gut es hier oben auf dem Gletscher der Marmolata eben ging. Im Jahr 1916 durchzieht ein dichtes Netz von Stollen und Gängen, Höhlen und Spalten diesen Dolomitengletscher und verleiht dieser Stadt im Eis ein mystisches Aussehen. Sogar für den Feldkuraten hatten die Kaiserschützen etwas angefertigt, wofür er ihnen ewig dankbar sein würde: eine »Kirche aus Eis«.

Einige Bilder, die einen Einblick in die Faszination dieser, teilweise 40 Meter unter dem Eis von Menschenhand geschaffenen Eisstädte, geben. Da sich das Eis dauernd bewegt, musste vor allen Dingen bei Brücken oder unterirdischen Bauten besondere Vorsicht gegeben werden. Unten links: Im Skimuseum Mürzuschlag sind noch einige der Sonnenbrillen gesammelt, die im Ersten Weltkrieg im Einsatz waren. Man probierte mit vielerlei Materialien herum.

Ein suggestives Bild, das nicht vom Krieg zu stammen scheint. Ein Soldat hat sich vor einem Stollen zu einer Rast niedergelassen.

Leo Handl war der große Denker und Erfinder gewesen. Kaum an irgendeiner Front standen die Italiener in einer strategisch besseren Position als hier, in grausamer Manier mähte der Tod die Reihen der Soldaten nieder. Bis Leo Handl auf die geniale Idee kam, durch den Gletscher der Marmolata Gänge und Stollen treiben zu lassen. Er ließ schweres Werkzeug und Bohrmaschinen kommen, erprobte eine Vielzahl von Sprengstoffen im Eis, doch die Tücken der Technik waren augenscheinlich: Die giftigen Sprenggase konnten nicht aus den Stollen entweichen, so dass Leo Handl gezwungen war, neues Werkzeug zu erfinden, um doch wieder in den meisten Fällen auf die altbewährte Handarbeit zurückzukommen. Eisbeile und Stoßwerkzeuge wurden herangeschafft, und eine Unzahl von Soldaten begann, in tagelanger Arbeit den Berg zu durchlöchern.

Endlich können mehr als 1000 Meter Höhenunterschied im sicheren Inneren des Gletschers bewältigt werden. Bis hinauf auf 3.259 m Höhe. Mussten vorher die Soldaten teilweise bei mehr als 30 Grad unter Null im sturmumtosten Freien ausharren, so sinkt nunmehr die Temperatur in den seltensten Fällen auf weniger als Null Grad. Schneestürme und Lawinen, Geschosse und Stürme verlieren ihren Schrecken. Die Soldaten erstarren ehrfürchtig vor der Größe der Natur: Malachitgrüne Wände wechseln mit blauen, durchsichtigen Eisbändern, glitzernde tiefblaue Kristalle gehen in tausendfach schimmernde und funkelnde Eiszapfengebilde über. Es ist ein Märchenschloss des Krieges mit einem Herrscher: Diplom-Ingenieur Leo Handl. Fenster in der Südwand der Marmolata geben nun den Blick auf die Stellungen des Feindes frei, der nun kaum mehr Freiräume be-

Mächtig werden die Stollen ausgebaut; die verschiedensten Bereiche erhalten zuckersüße Namen: „Der Dom“, „Kaiser-Franz-Josefs-Spalte“, „Kärntnerstraße“ und in Erinnerung an die österreichische Hauptstadt „Stephansdom“.

Die Marmolata vom Siefsattel-Col di Lana aus gesehen. Um vor dem feindlichen Beschuß Deckung zu finden, bauten die österreichischen Soldaten ein ganzes Dorf im ewigen Eis des Gletschers.

sitzt. Die italienischen Truppen versuchen es zwar mit einem Gegenstollen, um damit einen wichtigen Abschnitt in die Luft zu lagen, und viel hätte nicht gefehlt, dann wäre den Österreichern auch hier das gleiche Schicksal wie am Col di Lana widerfahren. Doch noch ehe sie die Tat ausführen können, müssen sie im Herbst 1917 die Marmolata, als Folge des Durchbruchs bei Karfreit räumen.
Trotzdem haben auch die Paläste im Inneren des Gletschers ihren grausamen Tribut gefordert. Dauernd drücken die Eismassen mit unvorstellbarer Wucht und Gewalt auf die Stollen, zerstören die Gänge und lassen Gletscherbrücken einstürzen. Soldaten können sich in den endlos langen, weit verzweigten Gängen verirren. Geht einmal in einem unachtsamen Augenblick das Licht der Kerzen aus, dann wird ein Fortkommen unmöglich, der Sturz in die Tiefe eine große Gefahr. Zudem macht das ewig-feuchte und kalte Klima der Stollen und des Ausharrens im Eis viele der Soldaten krank. Sie leiden unter Rheuma, Gicht und Gelenksschmerzen. Und es gab trotz allem unzählige Tote auf beiden Seiten. Hauptmann Rudolf Schmid erlässt im Jahr 1916 den makabren Befehl, dass die Leichen der Gefallenen nicht in Eis und Schnee zu begraben seien, um das Trinkwasser nicht zu verunreinigen. Wo sich nicht genug Erde fände, und das ist fast immer der Fall, sollen sie mit starker Hand ins Tal geschafft werden.

Ein eindrucksvolles Fotos zeigt den Feldkuraten des Kaiserschützenregiments III Martin Matschik während der Messe in einer Eishöhle. Legendär ist sein Einsatz und hilfsbereit den Soldaten gegenüber. Tief im Innern des Gletschers feierte er seine Feldmessen.

Lawinen kennen nicht Freund noch Feind

Einen Vorgeschmack was auf die Leute im Hochgebirge zukam, hatte es schon im März 1916 gegeben, als im Gebiet der Marmolata 280 italienische Soldaten und 19 Zivilisten von Lawinen in den Tod gerissen wurden. Gerade die Kriegsjahre 1915-1917 sind gekennzeichnet durch gewaltige Schneemengen, wie es sie seit Menschengedenken nie gegeben hatte. Zudem kam noch, dass die Truppenteile hoch oben in den Eisregionen dringend Nachschub benötigten.

Schon die ersten Wochen im Dezember des Jahres 1916 sollten aber die Schrecken des Krieges in den Dolomiten um eine schreckliche Variante steigern. Unaufhörlich schneit es, bis sich bald der Schnee bis zu zwölf Meter hoch wie auf dem Fedaja-Pass türmt. An vielerlei Orten harren die einsamen Soldaten ohne Aussicht auf Nachschub und Verpflegung auf die lang ersehnte Hilfe, während unten im Tal die Menschen jener gedenken, die oben das Vaterland verteidigen, selbst aber wissen, dass der Aufstieg vielfach unmöglich und wenn von Lawinen gefährdet ist. Doch noch immer gewähren die Gewalten der Natur keine Ruhe. Schon Anfang Dezember bittet Rudolf Schmid, Hauptmann des Marmolata Bataillon, seine Vorgesetzten, kurzfristig die Lager räumen zu können. Die gewaltigen Schneemengen hätten "die Bewegungsfreiheit derart eingeschränkt, dass ein feindlicher Angriff an vielen Stellen in der eigenen Front unwahrscheinlich ist." Die Bitte wird abgelehnt. An die 50

Das im Frühjahr 1916 ausgebaute Lager Gran Poz vor dem verheerenden Lawinenabgang. Von hier aus bewegte sich der Nachschub auf die im Gipfelbereich der Marmolata gelegenen Stellungen.

Lawinentote hatten die Landesschützen allein bis Mitte Dezember zu beklagen.

Es kommt der 13. Dezember 1916. Ein Warmlufteinbruch, verbunden mit starkem Föhn, bringt fast sommerliche Temperaturen auf die Berge. Priester Martin Matschik, legendärer geistlicher Beistand des 1. Bataillons des 3. Kaiserschützenregiments auf der Marmolata, erinnert sich: "An jenem Morgen um 5.30 hörten wir plötzlich ein dumpfes Donnern, dem eine unheimliche Stille folgte."

Von der Punta Rocca bei der Marmolata rast eine Lawine herunter und verschüttet mit 200.000 Tonnen Schnee und unheimlicher Gewalt das aus Hütten und Baracken bestehende Lager Gran Poz im Abschnitt Fedaja. 230 Kaiserschützen, dazu noch eine Trägerkolonne von Bosniaken, 103 Mann hoch, werden unter metertiefen Schneemassen begraben. Auch Oberstleutnant Schmid kann erst nach 7 Stunden aus seinem eisigen Gefängnis gerettet werden.

Oberstleutnant Viktor Scherf ist unter den Ausgräbern: "Immer mehr der Toten wurden ausgeschaufelt, gar viel von den prächtigen Jungen waren darunter, ... " Nur 45 können lebend geborgen werden, 270 sterben unter dieser Lawine. Kein Lawinenunglück hat an der Alpenfront so viele Tote gefordert. Josef Strohmaier, einer der Geretteten, schreibt erschüttert: "Wir sahen ein Gewirr von Balken, Brettern, Armen, Leichen und Köpfen. Da vorne tanzte einer und sang gräulich dazu, denn er war verrückt geworden." Mit weniger Sturheit und mit mehr Einfühlungsvermögen hätte dieses Lawinenunglück, aber eine Unzahl anderer, die sich in jenen Tagen ereigneten und auch jedes Mal zwanzig bis dreißig Tote forderten, vermieden werden

Russische Kriegsgefangene schaufeln das unter meterhohem Schnee liegende Lager unterhalb der Marmolata frei. Fast dreihundert Tote forderte der Lawinenabgang.

können. Erschüttert berichtet Viktor Scherf : "Aber eines brachten sie in Massen: Särge, immer wieder Särge, es war das erste Mal im Feld und an der Front, daß wir von etwas zu viel erhielten."

Noch mehr als vier Tage nach dem Lawinenabgang kriechen fünf unterkühlt-bleiche Gestalten, Gespenstern gleich, aus dem kalten Grab. In Tag- und Nachtarbeit hatten sie sich, allein vom Willen getrieben, durch sechs Meter Schnee durchwühlen können und waren so dem Tod entkommen. Ein leichtsinniger Fehler war vielen zum Verhängnis geworden, hatte man doch den Auftrag erteilt, sämtliche Geräte, Schaufeln und Pickel außerhalb der Hütten zu lagern. Was half es, wenn dieser unsinnige Befehl nun korrigiert wurde. Es war zu spät. Überhaupt hat dieses Lawinenunglück dazu beigetragen, den Wissensstand darüber zu er-

weitern. Dass unter günstigsten Umständen auch Tage nach einer Verschüttung durch Lawinen noch Überlebenschancen bestehen, hatte man nie für möglich gehalten.

Einzig und allein an diesen zwei Tagen sterben nach offiziellen Angaben der österreichischen Heeresleitung 6.000 Sol-

Bild oben: Am Lagazuoi werden im März 1916 russische Kriegsgefangene Opfer einer Lawine. Eine von einer Lawine verschüttete Kanone wird im Fischleintal aus den meterhohen Schneemassen heraus gegraben.

daten durch Lawinen. Wie hoch sind die Verluste der Italiener und wie hoch ist die Dunkelziffer? Sie wird nie mehr zu erraten sein. Es zählt zu den schwierigsten Aufgaben herauszufinden, wie viele Menschen auf den Bergen ihr Leben verloren haben. Noch im Frühsommer findet man die Toten mit bis auf die Knochen abgeschabten Fingern, welche als lebendig Begrabene sich im Todeskampf noch an die rettende Luft frei graben wollten. Doch auch die Gletscherstollen und unterirdischen Gänge an der Marmolata wurden immer wieder von meterhohen Schneemassen verschüttet. Vielen der Zugeschütteten drohte der Tod durch Ersticken. Verzweifelt schaufelten sich viele in einem Wettlauf mit der Zeit aus den Eismassen. Doch nicht für jeden kam Rettung. Immer noch apern auch heute noch aus dem Eis Leichen der in ihrem eisigen Grab Verschütteten heraus.

Kaum in einem Krieg zuvor spielte die Natur solch eine überragende Rolle. Zwei Drittel der Opfer des blutigen Bergkrieges starben durch die Einflüsse von Lawinen und Gewitter, Blitzschlag und Muren; in drei Jahren kommen 60.000 Menschen nur durch die schrecklich dahinmähenden Lawinen zu Tode. Tragödien und Einzelschicksale ergeben ein Bild des Schauders und Grauens:

Einzeldramen summieren sich zu Katastrophen. Auch an anderen Orten. Als am 5. März 1916 am Monte Piano eine Staublawine zwei Pioniere verschüttet, eilen in Hilfsbereitschaft alle herbei, um sie zu retten. In dem Augenblick donnert schon die nächste Grundlawine nieder und reißt das ganze Bataillon in den Tod. Makaber meldet die Chronik nur, dass zu beklagen waren: "ein toter Feldkurat, ein Arzt, ein Offizier, vier Kadetten und 36 Mann."

Ein tragischer Moment unter Tausenden, welche teilweise noch schlimmere Auswirkungen hatten. So sehr entkräftet, dem Hungertod nahe, von Krankheiten geplagt waren teilweise die Truppen, dass die Toten einfach an Bretter geschnallt auf dem Schnee ins Tal hinuntergelassen wurden. Schon zuvor hatte man ihnen die Uniformen ausgezogen, da an ihnen grenzenloser Mangel herrschte.

Eines der makabersten Bilder aus dem Ersten Weltkrieg in den Dolomiten. Im Frühling 1917 apert am Monte Piano dieser Unglückliche italienische Soldat aus dem Schnee heraus. Nur im Tod kam man dem Feind so nahe.

Gedenkmesse an das große Lawinenunglück am Monte Piano vom 5. März 1916, das 43 Tote forderte.
Die Bergungsarbeiten gestalten sich schwierig. Unter Meterhohem Schnee liegen die Lawinenopfer begraben.

Zu Beginn zog man aus mit der Hoffnung bald wieder als Sieger nach Hause zu kommen. Viele sahen ihre Heimat nicht mehr. Am Anfang waren sie noch gefeierte Helden, doch bald überschatteten die Grausamkeiten des Krieges die wirklichkeitsfremden bunten Bilder, mit denen man den Krieg darstellen wollte. Jene die

Am Ende siegte die Ernüchterung

überlebten, blieben bis zu ihrem Lebensende im Innersten gezeichnet. Tragisch genug, dass das Ende dieses Krieges gleichzeitig schon den Keim für den nächsten noch menschenverachtenderen Zweiten Weltkrieg in sich trug.

1918: Nach der letzten Isonzoschlacht und dem Durchbruch bei Caporetto wurde die Front weit nach Süden verlegt. Deshalb kamen die meisten in den Dolomiten eingesetzten österreichischen Einheiten bei den mörderischen Kämpfen am Pasubio und am Monte Grappa zum Einsatz. Dieses noch nie veröffentlichte Foto zeigt die Grausamkeit des Krie-

ges: Standschützen des Bataillons Welsberg sind dabei, Gefallene zu bestatten. In diesem Moment schlägt eine Granate zwischen die frischen Gräber ein und auch die Totengräber werden zu Opfern. Unverständlich und makaber, dass sich die durch Glück überlebten Kameraden trotzdem noch in Pose zur Schau stellen.

Frieden soll herrschen im Lande

Der Krieg endete für die Italiener am 4. November 1918, 15.00 Uhr, für die Österreicher am 3. November 24.00 Mitternacht. Ein Missverständnis unter vielen. Er endete in einem Tal der Tränen und der Vernichtung für alle Seiten. Heinz von Lichem, eine der größten Autoritäten der Forschung um den Ersten Weltkrieg, einseitig in seinem Herz für das alte k.u.k Kaiserreich bringt es auf einen Punkt: „Alle damals kriegführenden Staaten waren politisch unfähig, nach Methoden friedlichen Lebens zu suchen." Und er geht in seiner Analyse noch weiter und stellt fest „dass Krieg ein Teil des irdischen Lebens war, ist und sein wird."[38] Die Sieger und die Besiegten mussten lernen, mit den Veränderungen zu leben. Italien bekam das Trentino und Teile von Friaul, einschließlich der Stadt Triest. Zum Großteil italienisch sprechende Landstriche. Aber es bekam auch Südtirol mit seiner deutschen und ladinischen Bevölkerung.

Am Ende fehlte fast gar alles. Es fehlte das tägliche Brot. Eine halbe Fleischkonserve, an Stelle von frischem Gemüse ein wenig Dörrgemüse und Steckrübe, in Vorkriegszeiten als Viehfutter in Verwendung, das Brot mit einem Pulver aus Maiskolben, Baumrinden und Kartoffeln gestreckt, mit dem mussten mit Fortdauer des Krieges die Soldaten ihr Auslangen finden. Das Durchschnittsgewicht der Soldaten sank auf knappe 55 kg, 75 Prozent der Kinder waren unterernährt. Den Kaffee stellte man aus karamelisierten Zucker, Rübenmehl und wenig Kaffee her, der an der Front darüber hinaus trotzdem noch mehrmals aufgekocht wurde, bis nur mehr eine helle Suppe übrig blieb. Aus Tierkadavern und Knochen presste man Fett, und als das auch nicht reichte, versuchte man aus Spülwasser Fett zurück zu gewinnen. Und selbst der Tiroler Landeshauptmann Josef Schraffl konnte in der Frage des Hungers und der Unterversorgung nichts anderes tun, als festzustellen, dass es anderen noch viel schlechter gehe und man darüber „in der Öffentlichkeit nicht sprechen und schreiben darf."

Am Ende kam der schleichende Tod. Eine Grippeepidemie ungekannten Ausmaßes. Sie kam unerwartet und unerkannt. Von Spanien aus breitete sie sich gegen Ende des Krieges über ganz Europa aus. In der Schweiz war man der Meinung es sei die Pest, die österreichischen Sturmtruppen glaubten anfangs noch, bei den in den italienischen Schützengräbern darnieder liegenden Kranken handele es sich um Kampfgasvergiftete. Die „Spanische Grippe" breitete sich aus, vom Wipptal und Eisacktal, sowie dem Trentino überzog sie ganz Tirol. Um dann weltweit ein Viertel der Weltbevölkerung anzustecken und rund zwanzig Millionen Tote zu fordern.

Am Ende machte man sich daran, die namenlosen Toten von den Schlachtfeldern einzusammeln, die Dörfer wieder aufzubauen und die Zerstörungen aus dem Antlitz zu tilgen. Und zu vergessen. 650.000 Italiener starben, auf Österreichisch-Ungarischer Seite waren es 1.2 Millionen, dazu gab es auf beiden Seiten noch neun Millionen Verwundete, Verstümmelte und Kriegsgefangene. Der Tod kam vielfältig und unerwartet, nicht nur durch Einfluss des Gegners. Josef Redlich, 1918 noch Minister im letzten Kabinett der Habsburgermonarchie, war ehrlich genug es zuzugeben: "Es wurden Geiseln ausgehoben, Geldstrafen und Kautionen verhängt, Häuser zerstört und schließlich unter Berufung auf das "Kriegsnotwehrrecht"

Der Maler Franzeletto Bernard beim Bemalen der Grabkreuze auf dem Militärfriedhof Santa Giuliana im Fassatal. Der Kaiserjäger Ellecosta Angelo aus Enneberg vor dem Grab seines in Russland gefallenen Bruders Josef. Ein junger Standschütze beim Gebet zu Ehren der ersten Gefallenen im Krieg.

Winter 1916 in Canazei im Fassatal. Die ersten Zeichen der Nahrungsknappheit machen sich bemerkbar. Kaiserjäger vom 4. Regiment verteilen Suppe an die hungernde Bevölkerung. Rechts: Kinder bei der Lumpensammlung in Sand in Taufers.

standrechtliche Erschießungen vorgenommen." Österreich-Ungarn besaß die strengsten und schärfsten Kriegsgesetze besonders gegen jene Gruppen, zum großen Teil aus den eigenen Völkern, denen man eine Zusammenarbeit mit dem Feind auch im Entferntesten nur zumutete. Allein in Galizien landeten zwischen 11.000 und 30.000 Menschen am Galgen. Es waren Frauen darunter, Studenten, Soldaten, Angehörige aller Schichten. Auf italienischer Seite sahen die Statistiken nicht besser aus. Auf beiden Seiten wurden die eigenen Leute zur Abschreckung gehängt, geköpft und erschossen. Und als nicht linientreu sah man zu Beginn des Krieges in den Dolomiten auch die Ladiner an, gleich wie die italienisch sprechende Bevölkerung des Trentino.

Mehr als 400.000 Anzeigen wegen Befehlsverweigerung gab es vor den Kriegsgerichten, 350.000 Prozesse wurden durchgeführt, in mehr als 210.000 Fällen wurden die Angeklagten schuldig gesprochen und verurteilt. Fast 6 % Prozent der Soldaten landeten vor einem Kriegsgericht. Attilio Freschùra, einfacher italienischer Frontkämpfer, schreibt es in sein Tagebuch: "... in dieser Hinsicht sind die Befehle von grausamer Strenge. Hinter den Unseren stehen Feldgeschütze und Maschinengewehre, die den Soldaten, sollten sie wanken, in den Rücken schießen werden." Am Ende kam für jeden doch irgendwie die Resignation. "Während des Gefechts ließ der General, der die Brigade kommandierte, einige Soldaten durch Carabinieri erschießen, ohne Verhandlung ohne Spur eines Verhörs, nur um ein Exempel zu statuieren"[39]

Und der Italiener Valentino Coda, ein anderer, der als Kanonenfutter in den Krieg gezogenen, berichtet: "Wie viele haben sie erschießen lassen?" war die erste Frage des Generals.

"Man kennt die Schuldigen noch nicht..."

"Das ist kein Grund, lassen Sie zwei Mann pro Kompanie erschießen."[40] Es war so, auf jeder Seite. Die Kriegshelden wurden aus dem Zwang und der Todesangst geboren.

Der Krieg war zu Ende, die Not noch lange nicht. Die Grenzen wurden hin- und

Die makabren Überreste der Kämpfe um den Kreuzbergpass. Im Frühjahr 1918, als der Dolomitenkrieg zu Ende war, machen sich Soldaten daran, am Seikofel die Unzahl der italienischen Gefallenen zu begraben. Im wilden Anrennen gegen die strategisch günstiger gelegenen Stellungen der Tiroler wurden Tausende Soldaten in den Tod getrieben. Eine einfache Grabstätte wurde am Seikofel errichtet.

her geschoben. Niemand war zufrieden. Italien hatte sich mehr erwartet, die k.u.k. Monarchie war zerschlagen worden. Im Kleinen begann man nun die Wunden zu lecken. Aufzuräumen, was der Krieg hinterlassen hatte. Bomben und Minen lagen frei im Feld herum, Eisenzeug zuhauf, dazu noch aperten jedes Jahr die unbekannten Soldaten makaber heraus. Oder lagen in manch unzugänglichen Felsenschründen herum.

„Recuperanti“ (Verwerter) nannte man diejenigen, die alsbald begannen die Berge von den Überbleibseln des Krieges zu säubern. Zu Essen gab es anfangs wenig in den Orten der Dolomiten und zum Geld verdienen noch weniger. Für die Eisensplitter der Bomben gab es Geld, ebenso für den Stacheldraht in den Bergen. Aber die mussten erst mühselig zusammengesucht und herunter geschleppt werden. Die Gefahren waren groß genug. Es konnte ja eine der nicht hoch gegangenen Bomben explodieren. Bald kamen wieder Touristen in die Berge, zu Beginn meist ehemalige Frontkämpfer. Aber immer noch lagen in der Landschaft eine Unzahl von menschlichen Skeletten im Gelände. So führte man ein, Geld für die Sammlung menschlicher Überreste auszuzahlen. Sieben Lire löhnten die faschistischen Machthaber, die nun über Sein und Nichtsein bestimmen konnten, für einen Schädel, den man in den Cortineser Bergen fand, nur fünf Lire gab es für das gleiche im benachbarten Buchenstein. Grund genug die Schädel in Buchenstein, von den dort ansässigen „Recuperanti“, abzulösen und sich die zwei Lire Differenz einzukassieren. Dazu gab es noch ein riesiges und dankbares Betätigungsfeld auf den vielen Soldatenfriedhöfen. Man brauchte nur knapp unter der Erde zu graben und schon stieß man dort auf Dutzende von Schädeln. Die vielen Toten brachten Geld.

Ganz oben: Soldatenfriedhof Fanessperre während des Krieges. Heute ist er verschwunden. Mitte: Soldatenfriedhof Valparola kurz nach Kriegsende. Soldatenfriedhof von Corvara um 1930.

Tote, Gräber und was übrig blieb

Die meisten Gefallenen wurden in Friedhöfen kurz hinter der Front bestattet. Auch im Hinterland errichtete man Begräbnisstätten für die in Feldlazaretten und Spitälern verstorbenen Soldaten. Viele dieser Friedhöfe verschwanden schnell. Nur wenige werden heute noch sorgfältig gepflegt. Ganz oben: Der letzte Gang: Begräbnis beim Soldatenfriedhof von Moena. Wo es möglich war wurde den Gefallenen ein ehrenvolles Begräbnis gewährt. Oft erklangen immer wieder dieselben Gedenkreden von Heldenmut und Heldentod. Zuhause wurden die Angehörigen durch Briefe über das Schicksal ihrer Angehörigen benachrichtigt. Mitte links: Noch heute wird der Soldatenfriedhof von Bruneck gepflegt und erhalten. Mitte rechts: Kreuz für einen unbekannten Soldaten am Monte Piano. Unten: Nicht nur an der Front gab es Tragödien: Zwei Ahrntaler Standschützen am Grab ihrer Mutter beziehungsweise ihrer Frau, welche in ihrer Abwesenheit verstarb.

Die verschwiegene Krankheit

Ein Bild seltener Trautsamkeit. Ein Soldat turtelt am Pordoijoch mit zwei Mädchen. Seltsam und erschreckend ist die hohe Prozentsatz der Geschlechtskrankheiten unter den Soldaten. Beschämt schwieg man diese Daten bisher immer tot.

Die Krankheit nahm man hin, sprach aber nicht darüber. Auch nicht als 1.275.885 Menschen allein in der österreichisch-ungarischen Armee damit offiziell infiziert waren. Fast gleich viel als bei den anderen Kriegsseuchen Typhus, Malaria, Ruhr, Tuberkulose zusammen. Diese mähten zwar mehr Menschen dahin. Aber zur verdrängten Volksseuche wurde der „Tanz der Gonokokken", die Geschlechtskrankheiten in Form von Syphilis und Tripper. Schon am 24. 10. 1915 erlassen die k. u. k Kommandos der Südwestfront einen „Prostitutionsregulativ", der eindringlicher nicht sein konnte: „Soldaten! Der Kampf Mann gegen Mann hat manche von euch zu Tode getroffen, andere wund und siech gemacht. ... Aber wie steht es mit dem Kampf Mann gegen Weib?!" Frauen und Mädchen würden „euch mit lächelnden Mienen Gesundheit und Kraft nehmen". Die Statthalterei für Tirol und Vorarlberg sieht sich sogar genötigt, ein „Merkblatt für Männer" herauszugeben, in dem festgestellt wird, dass Enthaltsamkeit im geschlechtlichen Verkehr „nach dem übereinstimmenden Urteil der Ärzte im Gegensatz zu einem viel verbreiteten Vorurteil nicht gesundheitsschädlich" sei.

Nun ging es an die Suche der Ursachen und Gründe. Allein das Militärkommando Innsbruck wies einen Anteil von 13,4 Prozent an Geschlechtskranken auf. Und auch anderswo sah es zwischen den kämpfenden Nationen nicht besser aus. Landessanitätsreferent Adolf Ritter von Kutschera beschuldigte die Tiroler Mädchen und Frauen wegen ihrer Kontakte zu den Kriegsgefangenen Russen. Dann wieder sah er seine Ursachen darin, dass die Tiroler in Unkenntnis über Art und Übertragung der Geschlechtskrankheiten lebten und schon vor dem Krieg der Anteil sehr hoch gewesen sein muss. Statistiken ergaben, dass nur 20 Prozent der Ansteckungen in Bordellen an der Front geschahen, die restlichen 80 Prozent aber eindeutig vor Ort sich infizierten. Es begann ein Hexentreiben im eigenen Land. Der Pfarrer

Zwischen den italienischen Soldaten und einigen Mädchen aus Cortina entsteht im Laufe der Zeit allmählich ein Gefühl der Zuneigung. Manch alte Frau beginnt darüber den Kopf zu schütteln. Ein Fall endet in der Tragödie. Am 4. Oktober 1916 vernichtet ein Großbrand die Fraktion Campo bei Cortina. Elf Familien verlieren ihr gesamtes Hab und Gut. Immer mehr kristallisiert sich heraus, dass in der verschmähten Liebe eines italienischen Offiziers zu einem schönen Mädchen aus Campo die Ursache dieser Katastrophe zu suchen ist. Unsterblich hatte dieser sich in das Mädchen verliebt, dessen Ehemann in Böhmen interniert war. Bei der Heiligen Messe sah der italienische Offizier das Mädchen, das inzwischen wieder zu den Eltern gezogen war, zum ersten Mal, und entbrannte voll in Liebesglut. Doch sie verschmähte sein Liebeswerben. Bald danach brannten die Bauernhäuser.

von Wenns im Ötztal zeigte sich von „Trauer" und „Ekel" erfüllt, der Arzt aus dem gleichen Ort stellte fest, dass „die Weibsbilder nur mit Gewalt von nächtlichen Besuchen in der Wennser Baracke abgehalten werden können." Auch aus den Dolomiten liefen ähnliche Nachrichten ein, wobei man hier besonders die zum militärischen Hilfsdienst eingesetzten Frauen der Unsittlichkeit bezichtigte. Doch auch eine Zunahme der Prostitution in der Heimat konnte am Ende nicht als schlüssig erwiesen werden. Sie war nicht höher als vor dem Krieg, nur jede zehnte Gunstgewerblerin trug eine der Geschlechtskrankheiten in sich. „Die Zeitschrift für Bekämpfung der Geschlechtskrankheiten" schlug 1918 als Lösung aller Probleme vor, die Bordelle in „hygienische Bedürfnisanstalten" umzuwandeln, um so die Prostituierten „für ihr Gewerbe in einwandfreier Weise zu erziehen".

Am Ende ging aber tatsächlich die Anzahl der Geschlechtskrankheiten zurück. Kondome wurden zu tausenden ausgeteilt, die Truppen aufgeklärt, so auch auf diesem Gebiet der Weg zur Moderne vorbereitet.

Der Fall Cesare Battisti

Das Urteil war gesprochen, noch ehe die Gerichtsverhandlung angefangen hatte, der Henker Josef Lang, hatte sich von Wien aus schon in den Zug gesetzt, als die Kunde eintrudelte, dass man den Verbrecher gefangen genommen hatte. Das Verfahren war eine Farce. Am 12. Juli 1916 um 16.30 Uhr wurde das Urteil verkündet, knappe drei Stunden später war der Trentiner Dr. Cesare Battisti, ehemaliger österreichischer Reichtagsabgeordneter in Wien, gefangen genommen als Alpini-Oberleutnant, ein toter Mann. Die Art und Weise seines unmenschlichen Endes konnte ihn nur zum Märtyrer machen. Die k.u.k. Gesetzgebung hatte alles getan, um Battisti zu erniedrigen. Man verweigerte ihm alles, jegliche mildernde Umstände. Den entwürdigenden Tod am Galgen zog man dem ehrenvolleren Erschießen vor. Um 39 Kronen musste er sich noch einen viel zu weiten, karierten Anzug kaufen, um so gehängt zu werden. So wurde Battisti zum Sinnbild der dekadenten österreichischen Monarchie und offenbarte die Doppelmoral in diesem Vielvölkerstaat. In Trient wurde er 1875 als Sohn eines wohlhabenden Kaufmanns geboren, studierte in Florenz, Graz, Wien und Turin Jus und Philosophie. Bald schon kämpft er um die Besserstellung des Trentino und überhaupt der italienischen Volksgruppe in der österreichischen Monarchie. Trient ist unterentwickelt, Teil des deutschen Tirol. 300.000 italienischsprachigen Einwohnern stehen 600.000 deutschsprachige gegenüber. Sie haben keine eigene Universität. Immer größer wird der nationalistische Druck das italienische auszuradieren. Es gibt sogar Strömungen die italienischen Ortsnamen im Trentino einzudeutschen. Cesare Battisti lehnt sich dagegen auf, er will mehr Rechte für sein Volk und fordert in letzter Konsequenz einen Anschluss des italienischen Trentino an Italien. Bis Salurn und nicht zum Brenner! Er gründet Zeitungen, wird Herausgeber von Büchern, lässt sich in den Tiroler Landtag wählen, als Vertreter der sozialistischen Partei wird er Abgeordneter im Wiener Reichsrat.

Dann bricht der Erste Weltkrieg aus. Mit seiner Frau und seinen drei Kindern schlägt er sich konsequenterweise auf die Seite Italiens. Ersucht an die vorderste Front versetzt zu werden, um dort zu kämpfen. Derweil werden die österreichtreuen Trentiner nach Galizien geschickt, an die vorderste Front, als Kanonenfutter geopfert. 8.000 Trientner Kaiserjäger sterben, mehr als 22 %, der höchste Anteil aller Gebiete. 75.000 Trentiner werden unter Zwängen umgesiedelt, in die menschenunwürdigen Flüchtlingslager von Böhmen, Oberösterreich und nach Katzenau bei Linz. In Mitterndorf, Pottendorf und Braunau werden in aller Eile – zu Kriegsbeginn – die gefürchteten „hölzernen Städte" emporgezogen. Wer dorthin kam, hatte Schlimmes zu befürchten. Krankheiten, zurückzuführen auf mangelnde Hygienestandards, Hunger, Übervölkerung und Entbehrung mähten dort eine Unzahl von Flüchtlingen dahin.

Eine der dunkelsten Geschichten im österreichisch-ungarischen Kaiserreich trieb so dem Höhepunkt entgegen, mit Cesare Battisti als Galionsfigur und Märtyrer. Der Tod am Galgen schadete Österreich mehr als ein Großteil des Kampfgetümmels. Kurz vor seinem Tod schreibt er noch an seinen fünfzehnjährigen Sohn, der unbedingt in den Krieg will: "Der Krieg verwandelt unser Trentino in eine Wüste und in einen Friedhof. Ihr Jungen müsst euch darauf vorbereiten, es wieder aufzubauen."

Eine der symbolträchtigsten Fotografien aus dem Ersten Weltkrieg, die den k.u.k Journalisten Karl Kraus zu einer berühmt gewordenen Bildunterschrift hinreißen ließ:
„Zumal aber ist es das (Antlitz) des Henkers. Des Wiener Henkers, der auf einer Ansichtskarte, die den toten Battisti zeigt, seine Tatzen über dem Haupt des Hingerichteten hält, ein triumphierendes Ölgötze der befriedigten Gemütlichkeit, der „Mir-san-mir" heißt. Grinsende Gesichter der Zivilisten und solchen, deren letzter Besitz die Ehre ist, drängen sich dicht um den Leichnam, damit sie nur ja alle auf die Ansichtskarte kommen..
Cesare Battisti ist von den österreichischen Truppen am Monte Corno bei Rovereto gefangen genommen worden. Majestätisch wie ein Bollwerk geht Cesare Battisti, der Trentiner Reichtagsabgeordnete, er schreitet dahin. In einem entwürdigenden Verfahren wird er verurteilt und am 12. Juli 1916, wie ein Verbrecher gehängt. Er kämpfte für die Grenze bei Salurn.

Nach dem Krieg ging es ans Aufräumen. "Recuperanti" (Verwerter) wurden jene Menschen genannt, die neben nicht explodierten Bomben, Stacheldraht, Munition auch die traurige Aufgabe hatten, die sterblichen Überreste der Gefallenen ins Tal zu schaffen.

Die Erinnerungen bleiben ewig

Die Last dieses „Grossen" Krieges, wie er alsbald ehrfürchtig genannt wurde, hat das Gebiet der Dolomiten verändert. Auch heute noch! Es herrscht eine merkwürdige Unsicherheit. War man nur Verlierer gewesen, weil man auf der Seite der unterlegenen Nation gekämpft hatte? Wurde neues Unrecht geschaffen? Man verdrängt den Gedanken an Sieg und Niederlage und nimmt diesen »großen Krieg« als etwas Gewesenes, als Teil der Geschichte. Man bewertet und wird trotzdem von der Realität umkerkert.

Nichtsdestotrotz: Ob Gerechtigkeit oder nicht, das Leben musste weitergehen. Mit missionarischem Eifer sammlete man alsbald alles, was irgendwie nur im Entferntesten von diesem Krieg verwertet werden konnte.

Rolando Lancedelli aus Cortina ist einer unter ihnen. 1927 wurde er geboren, hinein in eine Zeit der Not und des Hungers. Er war gleichfalls ein „Recuperante", suchte in den Bergen nach allem was in Hast und Eile zurückgelassen wurde. Rolando wurde zum Künstler. Die Granaten des Ersten Weltkrieges entleert er von ihrem Inhalt und formt sie zu Kunstwerken. Sie werden ziseliert und mit Intarsien versetzt. So sollen sie von neuem Leben mit erfüllt werden. Seine ganze Wohnung ist voll von diesen eigenartigen Mahnmalen.

Oben: Tödliche Überbleibsel aus dem Krieg: ein nicht explodiertes 7,5 cm Geschoß, Munition und Schuhe. Relikte auf die man heute noch stoßen kann.
Unten links: Manch einer schöpfte in mühevoller Arbeit aus Geschossen wahre Kunstwerke. Keine ungefährliche Arbeit, konnte sie doch jederzeit explodieren.
Die fast noch intakte Inneneinrichtung der kavernierten Artilleriestellung am Rauchkofel.

Und doch hat er es nicht geschafft, sich von diesen seinen Kunstwerken zu trennen. Sie sind seine große Liebe und unverkäuflich. Seine Söhne Loris und Graziano sind in die Fußstapfen ihres Vaters getreten.
Sie alle sparen eisern, geben Unsummen für den Kauf von Fotoalbums, militäri-

Zerfallene österreichische Geschützposition am Rauchkofel, im Hintergrund der Monte Piano.

schem Gerät und anderen Utensilien aus, das immer wieder, wenn auch selten, auf den Flohmärkten auftaucht. Professor Paolo Giacomel aus Cortina verwendet jede freie Minute zum Studium dieses „Großen Krieges“. Geboren ist er im Jahr 1942 in der Gegend von Venedig, irgendwann hat es ihn nach Cortina verschlagen. Dort hat er sein zuhause gefunden. Er hat zusammengetragen und gesammelt, was er nur finden konnte. Tagebücher, Fotos, Dokumente aus der Zeit des großen Krieges. Dann beginnt der Professor eines der Tagebücher herauszuziehen und vorzulesen. „12. Dezember 1915. Neuigkeiten gibt es keine. Ich fühle mich unendlich alt. Der Schnee, die Kälte, der Wind. Aber habe nur Geduld und glaube an eine Zukunft! Hier wollen sie mit ihren Kanonen Großes erreichen. Das kann nur Schlechtes bedeuten. Viele unseres Dorfes sind mittlerweile gestorben“. Dies schrieb der junge Kaiserjäger Michele Menardi Amanàco aus Cortina. Eine Fülle von einzelnen Menschenschicksalen breiten sich plötzlich aus. Viele haben diesen Krieg nicht überlebt, starben jung. Andere wiederum wurden ein Leben lang gezeichnet. Paolo Giacomel liest weiter. Er fühlt dass seine Arbeit wichtig ist. Bald schon könnten diese Tagebücher für immer zerstört werden. „4. Februar 1916. Jeden Tag erhöht sich die Zahl der Opfer dieses sinnlosen Abschlachtens. Die Zahl der Toten, sagt man, sei unendlich groß. Hoffen wir, dass es bald ein Ende gibt. Aber die Zukunft schaut schwarz aus. Lieber Gott verhülle dein Angesicht“. So schaute der gelebte Krieg aus und bildete den Stoff für Romane und Geschichten.
Sie sind ihrer viele. Andere Gruppen tun das gleiche, wollen sammeln, um als Krönung davon ein Museen errichten. Sie bildeten sich zu Experten aus, um die Erinnerungen über die Zeit zu retten. Walther Schaumann machte sich das Museum 1915-1918 im kärnterischen Kötschach-Mauthen. 1922 schon entstand das Kriegsmuseum in Rovereto. Um das Schicksal der Trentiner Irredentisten, den Kämpfern um einen Anschluss an Italien wach zu halten. Auf den am härtesten umkämpften Gipfeln werden Mahnmale errichtet. Am Großen Lagazuoi, an der Marmolata, am Monte Piana, am Valparolapass und an vielen anderen Orten. Die verfallenen Stollen und Galerien des Krieges werden wieder freigelegt. Eine eigenartige Vergangenheitsbewältigung bahnt sich an: Eifrig werden die letzten Relikte dieses Krieges aufbewahrt, noch so kleine Dinge zu Devotionalien erhoben. Dieser Krieg soll nicht vergessen werden, soll weiter tief im Bewusstsein der Bevölkerung bleiben.

In den Erinnerungen lebt der Krieg weiter. Oben links: Professor Hannsjörg Ubl in seiner einmaligen Kriegsbibliothek. Oben rechts: Ottavio Molin hat sich in Auronzo in jahrzehntelanger Arbeit sein eigenes Kriegsmuseum aufgebaut.
Die Familie Lancedelli. Der Senior war zeit seines Lebens in den Bergen auf der Suche nach Kriegsgerät. Dritter von rechts: Der bekannte Kriegschronist Paolo Giacomel aus Cortina.
In Rovereto befindet sich eines der ersten Weltkriegsmuseen Im Bild der Direktor Camillo Zadra.
In Kötschach-Mauthen (Kärnten) wurde unter der Leitung von Oberst Walther Schaumann im Rahmen der Aktion Friedenswege ein breit gefasstes Kriegsmuseum errichtet.

Kurze Chronik des Dolomitenkrieges

1915

Mai

In Tirol werden als letzte Reserven die Standschützen mobilisiert, für den Kriegseinsatz hastig ausgebildet, vereidigt und kurz vor Kriegsausbruch mit weiteren schwachen Verbänden zur Sicherung der Grenze eingesetzt.

25.Mai

Die Italienischen Truppen marschieren in das von den österreich-ungarischen Truppen verlassene Cortina ein.

7. – 11. Juni

Die österreich-ungarischen Truppen besetzen und sichern den strategisch wichtigen Monte Piano.

8.- 13. Juni

Erste schwere italienische Angriffe gegen die österreichischen Stellungen am Son Pouses nördlich von Cortina. Die Angriffe werden erfolgreich abgewehrt.

15.-19.Juni

Die italienischen Angriffe im Raum Col di Lana – Lagazuoi bleiben erfolglos.

4. – 19.Juli

Blutige Gefechte im Raum der Tofane bringen für die italienischen Truppen keine Gebietsgewinne.

5. Juli

Es beginnen die erfolglosen italienischen Angriffe gegen die Frontabschnitte von Sexten-Kreuzbergpass, Landro-Monte Piano und Valparola-Col di Lana. Die Aktionen der Italiener dauern den ganzen Juli über an.

10. Juli

Der strategisch wichtige Hexenstein wird von den Italienern genommen, fällt aber schnell wieder an die österreichischen Truppen zurück.

10. – 13. Juli

Zahlreiche italienische Angriffe gegen die österreichischen Stellungen am Col di Lana und Setsass werden abgewehrt. Am Frontabschnitt Valparola besetzen die italienischen Soldaten nach blutigen Angriffen die Forcella di Bos und den Col di Bos.

15. – 20. Juli

Zwei große italienische Angriffe auf den Monte Piano werden von den Österreichern abgewehrt. Die italienischen Verluste sind hoch.

August 1915

Mit Beginn des Monats greifen die italienischen Einheiten immer wieder die Stellungen im Raum Sexten-Kreuzbergpass, Monte Piano-Landro und Col di Lana-Valparola an. Die Angriffe ersticken zumeist im österreichischen Abwehrfeuer.

2. August

Ein großer italienischer Angriff gegen den Col di Lana bleibt erfolglos.

3.August

Schwere Kämpfe um Fontananegra im Travenanzestal.

3. und 11. August

Die italienischen Angriffe am Helm im Kampfabschnitt Sexten werden abgewehrt.

4. August

Massive Angriffe gegen die österreichischen Stellungen am Kreuzbergpass bringen für die italienische Seite keinen Erfolg.

12.-19.August

Die Italiener erweitern und sichern ihre Positionen im Raum Paternkofel-Drei Zinnen.

15. – 30. Juli

Mit mehreren verlustreichen Angriffen wollen die Italiener den Casteletto im Abschnitt Tofane-Travenazes erobern. Sie bleiben alle erfolglos.

6.September

Ein italienischer Großangriff in Raum Sexten wird erfolgreich abgewehrt.

11. – 26. September

Mehrere Angriffe gegen den Monte Piano werden von den österreichischen Soldaten abgewehrt.

18.September

Eine italienische Patrouille erobert im Handstreich den Gipfel der Tofana di Rozes.

15. – 30. Oktober

Im Kampfabschnitt Monte Cristallo können die Italiener kleine Bodengewinne erzielen.

18. – 20. Oktober

Der Monte Sief wird mehrmals angegriffen.

23. – 28. Oktober

Pausenlose Angriffe gegen den Col di Lana. Zeitweilig besetzen italienische Soldaten den Gipfel des Col di Lana. Der Gipfel wird aber bald von den österreichischen Verteidigern im Sturm wieder zurückerobert.

November

Ein früher und starker Wintereinbruch erstickt fast die gesamte Kampftätigkeit im Schnee.

1916

1. - 6. April

Erbitterte Kämpfe im Frontabschnitt Monte Cristallo. Die Österreicher verlieren den Rautkofel und müssen ihn mit schweren Verlusten wieder zurückerobern.

6. April

Italienische Alpini besetzen die Punta Serauta auf der Marmolata.

16. April

Die Sentinella Scharte am Fuße des Elfers wird von den Italienern im Handstreich genommen.

17.April

Der Col di Lana wird von den Italienern gesprengt, der Berg erobert. Ein weiteres Vorstoßen wird von den österreichischen Verteidigern verhindert. Alle weiteren Pläne zerschellen an den Verteidigungsstellungen am Monte Sief und Setsass.

25. Mai

Die Österreicher verlieren den Dente del Sief.

1.- 21.Juni

Schwere, aber erfolglose italienische Angriffe gegen die Stellungen der Österreicher im Raum Son Pouses – Croda d Ancona und Forame – Monte Cristallo.

11.Juli

Der Castelletto wird durch eine italienische Mine in die Luft gesprengt.

16.Juli

Immer wieder versuchen italienische Einheiten im Raum Sextner Rotwand – Drei Zinnen die Frontlinien zu durchbrechen. Die erfolglosen Versuche dauern den ganzen Sommer über an.

August

Der Krieg in den Bergen wird immer mehr zu einem Stellungskrieg ohne große Aktionen.

November

Ein erneuter früher Wintereinbruch lässt die Kampftätigkeit in den Bergen fast gänzlich erlahmen. Der Winter 1916-17 gehört zu den schneereichsten in diesem Jahrhundert. Lawinen fordern unzählige Opfer auf beiden Seiten.

1917

21. - 22.April

Die Österreicher erobern kurzzeitig den Sextenstein zurück.

22.Mai

Erfolgloser österreichischer Minenangriff gegen die italienischen Stellungen am Lagazuoi.

20. – 21. Juni

Erfolgloser italienischer Gegenangriff mit Minensprengung am Lagazuoi. Sie erobern den Gipfel, können den Angriff aber nicht erfolgreich weiterführen.

21.Oktober

Ein breit angelegter Angriff deutscher und österreichischer Truppen am Monte Piano soll die Italiener von der bevorstehenden Großoffensive am Isonzo ablenken.

1. – 10. November

Durch die erfolgreiche deutsch-österreichische Offensive am Isonzo, sind die Italiener gezwungen, die Stellungen in den Dolomiten aufzugeben und den Rückzug anzutreten. Am Monte Grappa und am Pasubio bleibt die Front wieder stehen.

In den Bergen tritt wieder Ruhe ein!

Dank

Kein Buch ist das Werk eines Einzelnen. Eine Unzahl von Personen haben mitgewirkt, haben ihr Wissen und ihre Archive geöffnet. Sie haben dazu beigetragen, dass völlig Neues zum Vorschein kam. Gedankt sei der Familie Malcher, gedankt sei gleichzeitig auch Professor Hannsjörg Ubl, Dietenheim bei Bruneck. Seine reichhaltige Bibliothek und seine Fotoarchive hat er uns zugänglich gemacht und sie wurden für uns zu einer Quelle der Überraschungen. Siegfried Jungmann aus Sand in Taufers stellte uns das unveröffentlichte Tagebuch seines Großvaters Peter Jungmann zur Verfügung. Dazu noch eine Reihe erstaunlicher Fotos über das Leben der einfachen Leute an der Front. Maria Leitgeb aus Antholz rettete über die Jahrzehnte zahlreiche Fotodokumente aus dem Gebiet des Höhlensteintales und der Plätzwiese. Die Schützenkompanie Taufers öffnete für uns ihr riesiges, anläßlich einer Ausstellung erstmals präsentiertes Fotoarchiv.

Die Familie Lancedelli, (Cortina), Ottavio Molin (Auronzo), Paolo Giacomel (Cortina), das ladinische Museum im Fassatal, (Vigo), Geschichtsverein des 1. Weltkrieges, Bozen, das Museum 1915-1918 in Kötschach Mauthen, das Lebenswerk von Walther Schaumann halfen uns wo sie nur konnten. Stefano Illing und seine Initiative am Lagazuoi, Hugo Reider (Sexten), Heinz von Lichem, das reichhaltige Brennerarchiv (Innsbruck, vertreten durch den Vorstand Prof. Johann Holzner, Dr. Anton Unterkircher und Dr. Sauermann standen uns jederzeit zu Diensten. Ein besonderer Dank gilt den vielen Menschen, welche uns ihre so wichtigen Bauernarchive, als unerschöpfliche Fundgrube öffneten. Besonders erwähnt seien hier: Albert Moroder, Rudl Holzer. Auch Gottfried Leitgeb, dem unermüdlichen Heimatforscher, seien für seine fachlich wertvollen Hilfsdienste gedankt. Ein herzlicher Dank gilt auch der Familie des zu Früh verstorbenen Engelbert Gatterer für die zur Verfügungstellung seiner reichhaltigen Kriegsbibliothek. Besonders gedankt sei auch dem "Museo Storico Italiano della Guerra" in Rovereto vertreten durch Camillo Zadra, der uns das eindrucksvolle und noch nie veröffentlichte Farbfotomaterial des tschechischen Fotografen Richard Synek zur Verfügung stellte. Es bildet einen Höhepunkt dieses Buches und zeigte den Krieg in seinen grauenvollsten Nuancen.

Für die große Geduld im Hintergrund danken wir Sabine Steger und Edith Campei.

Das Lektorat besorgte Maria Mutschlechner. Danken möchten wir den unzähligen nicht zu nennenden Personen, die uns mit Ratschlägen, Hinweisen oder auch Ideen zur Seite standen.

Anmerkungen

[1] Gatterer Claus: Aufsätze, Reden. Edition Raetia, Bozen 1991, S. 78
[2] Eisterer-Steininger: Tirol und der Erste Weltkrieg, Österreichischer Studienverlag, Innsbruck. S. 145
[3] Eisterer-Steininger: Tirol und der Erste Weltkrieg, Österreichischer Studienverlag, Innsbruck. S. 109
[4] Die Kapitulation Przemysls. Erinnerungen eines Landsturmoffiziers von Dr. Bruno Prochaska, Tulln bei Wien.
[5] Kaiserschützenbund Österreich: Kaiserschützen Tiroler-Vorarlberger Landsturm und Standschützen, Götz Wien, 1932
[6] Die Kapitulation Przemysls. Erinnerungen eines Landsturmoffiziers von Dr. Bruno Prochaska, Tulln bei Wien.
[7] Berichte der Warschauer Delegierten Frau A. N. Dzibinska in Petrograd 1917
[8] Die Typhusbaracken in Tozkoje. Bericht des russischen Sanitätsdelegierten P. M. Gladinsch (In geheimer Dumasitzung verlesen)
[9] Die Erschießung von 16 kriegsgefangenen Musikern in Chabarowsk von Emil Boscarolli, Jenbach
[10] Ludwig von Ficker: Erinnerungen an Georg Trakl S. 200 f.
[11] Gefangen! Franz Obergottsberger, Obernberg am Inn - Bundesvereinigung der ehemaligen österreichischen Kriegsgefangenen: „In Feindeshand" Verlag Franz Göth, Wien 1931
[12] Palla Luciana: Vicende di guerra sulle Dolomiti (1914-1918) Union Generela di Ladins dla Dolomites-Sezion da Fodom, 1996 S. 65
[13] Palla Luciana: Vicende di guerra sulle Dolomiti (1914-1918) Union Generela di Ladins dla Dolomites-Sezion da Fodom, 1996 S. 66
[14] Palla Luciana: Vicende di guerra sulle Dolomiti (1914-1918) Union Generela di Ladins dla Dolomites-Sezion da Fodom, 1996 S. 84
[15] Paolo Giacomel „Isidoro Alverà Graer – Standschütze d´Ampezzo- Union de Ladi`s de Anpezo S 34-35
[16] Paolo Giacomel „Isidoro Alverà Graer – Standschütze d´Ampezzo- Union de Ladi`s de Anpezo. 2000. S. 37
[17] Paolo Giacomel: 1914-1915 Cortina d´Ampezzo dal Tirolo all´Italia. Edizioni La Cooperativa di Cortina. 1999. S. 17
[18] Mörl, Dr. Anton: Die Stansschützen im Weltkrieg, Verlagsanstalt Tyrolia, Innsbruck 1934
[19] Kriegsarchiv Wien, Op. Akten Innsbruck, Fasz. 2
[20] Mörl, Dr. Anton: Die Standschützen im Weltkrieg, Verlagsanstalt Tyrolia, Innsbruck 1934
[21] Rundschreiben Gen. Lt. Krafft, 22.6.1915. Bayer. Kriegsarchiv, Alpenkorps, Bd. 11
[22] Schalek Alice: Tirol in Waffen, S. 91
[23] Schlern Athesia, Bozen. 1975
[24] Berti A. Guida delle Dolomiti, ed. Treves 1928 Seite 475
[25] Lichem, Heinz von: Gebirgskrieg 1915-1918 Bd. II, Verlagsanstalt Athesia, Bozen S. 331
[26] Sauermann: Literarische Kriegsfürsorge – Österreichische Dichter und Publizisten im Ersten Weltkrieg. Böhlau – Wien. 2000 S. 34
[27] Sauermann: Literarische Kriegsfürsorge – Österreichische Dichter und Publizisten im Ersten Weltkrieg. Böhlau – Wien. 2000 S. 154
[28] Müller Anton: Eine Dichterbeichte. In: Tiroler Anzeiger, 19. u.. 22. April 1930
[29] Berti A., Sala G. Guerra per Crode, Nordpress edizioni, Chiari (Bs) 2001, Ss. 67
[30] Kübler P., Reider H.: Kampf um die Drei Zinnen, Athesia, Bozen S. 85
[31] Mörl, Dr. Anton: Die Standschützen im Weltkrieg, Verlagsanstalt Tyrolia, Innsbruck 1934
[32] Kübler P., Reider H.: Krieg um Sexten, Athesia, Bozen 1994 S. 60
[33] Gatterer Claus: Aufsätze, Reden. Edition Raetia, Bozen 1991, S. 20
[34] Langenmaier Luis: Franz Kostners Leben für seine Dolomitenheimat, Eigenverlag Corvara, 1980
[35] Giacomel Paolo: Settembre-Dicembre 1915 – Bombardano Cortina Edizioni la Cooperativa di Cortina1996 S. 40
[36] Giacomel Paolo: Settembre-Dicembre 1915 – Bombardano Cortina Edizioni la Cooperativa di Cortina1996 S. 81
[37] Giacomel Paolo: Settembre-Dicembre 1915 – Bombardano Cortina Edizioni la Cooperativa di Cortina1996 S. 66
[38] Lichem, Heinz von: Der Tiroler Hochgebirgskrieg 1915-1918 Verlag Steiger - Innsbruck, 1985, S. 11
[39] Gatterer Claus: Aufsätze Reden, Edition Raetia, 1991 Bozen S. 30
[40] Gatterer Claus: Aufsätze Reden, Edition Raetia, 1991 Bozen S. 30

Literatur

AVIANI Guido/LENARDON Roberto: Alpini und öst.ung. Soldaten auf den Gipfeln; Edizione Aviani, Udine 1993
BOSSI-FEDRIGOTTI Anton: Col di Lana; Schild, München, 1979
BOSSI-FEDRIGOTTI Anton: Kaiserjäger, Ruhm und Ende; Stocker, Graz, 1977
BOSSI-FEDRIGOTTI Anton: Standschütze Bruggler; Schütz, Preußisch Oldendorf, 1972
BURTSCHER Guido: Das deutsche Alpenkorps; Teutsch, Bregenz, 1939
BURTSCHER Guido: Die Kämpfe in den Felsen der Tofana; Teutsch, 1933
CARRACCIOLO: Italien im Weltkrieg; Edizioni Roma
CZIBULKA Alfons: Kampf in den Bergen; Herold, Stuttgart, 1939
EBNER Oswald: Kampf um die Sextner Rotwand; Athesia, Bozen, 1978
FRÖHLICH Eduard: Der Kampf um die Berge Tirols; Selbstverlag, 1932
GIACOMEL Paolo: Settembre-Dicembre 1915 – Bombardano Cortina Edizioni la Cooperativa di Cortina1996
GIACOMEL Paolo: Isidoro Alverà Graer – Standschütze d´Ampezzo- Union de Ladi`s de Anpezo
GIACOMEL Paolo: 1914-1915 Cortina d´Ampezzo dal Tirolo all´Italia. Edizioni La Cooperativa di Cortina. 1999.
GLAISE-HORSTENAU (Herausgeber): Österreich-Ungarns letzter Krieg (amtliches öst. Werk) in 14 Bänden mit Ergänzungsheften (komplett sehr selten), Militärwissenschaftliches Institut, Wien, ab 1929
GOLOWITSCH Helmut: Und kommt der Feind ins Land herein; Buchdienst Südtirol; Nürnberg
JAKONCIG Guido: Tiroler Kaiserjäger im Weltkrieg; Univ. Verlag Wagner, Innsbruck, 1931
KALTENEGGER Roland: Die Geschichte der deutschen Gebirgstruppe 1915 bis heute; Motorbuch-Verlag, Stuttgart 1980
KRAFFT von DELLMENSINGEN: Der Durchbruch am Isonzo (2 Bände); Stalling, Oldenburg, 1926
KÜBLER Peter: Fanes; Athesia, Bozen, 1989
KÜBLER Peter/REIDER Hugo: Kampf um die Drei Zinnen; Athesia, Bozen 1981
KÜBLER Peter/REIDER Hugo: Krieg um Sexten; Athesia, Bozen, 1986
LANGES Gunther: Die Front in Fels und Eis; Athesia, Bozen, 1972
LANZ H.: Die Württembergischen Gebirgs- und Sturmtruppen im Weltkrieg; Berger, Stuttgart 1929
LICHEM Heinz: Der einsame Krieg; Athesia, Bozen, 1981
LICHEM Heinz: Der Tiroler Hochgebirgskrieg 1915 – 1918 im Luftbild; Steiger, Innsbruck, 1986
LICHEM Heinz: Der Gebirgskrieg 1915 –1918 (3 Bände); Athesia, Bozen, 1981
LICHEM Heinz: Spielhahnstoß und Edelweiß, Stocker, Graz, 1977
MÖRL Anton: Standschützen im Weltkrieg; Tyrolia, Innsbruck, 1934
PALLA Luciana: Vicende di guerra sulle Dolomiti (1914-1918) Union Generela di Ladins dla Dolomites-Sezion da Fodom, 1996
PASQUALI Corrado: Col di Lana – Col di Sangue; Temi, Trento, 2002
PICHLER Cletus: Der Krieg in Tirol 1915/16; Pohlschröder, Innsbruck, 1924
PÖLTZLEITNER Josef: Berge wurden Burgen; Selbstverlag, Salzburg, 1934
PÖLTZLEITNER Josef: Landsturm im Hochgebirge; Selbstverlag, Salzburg
PUST Ingomar: Die steinerne Front; Stocker, Graz, 1980
RAUCHENSTEINER Manfried: Der Tod des Doppeladlers; Styria, 1993

REGELE: Feldmarschall Conrad; Herold, Wien
RENKER Gustav: Als Bergsteiger gegen Italien; Schmidkunz, München, 1918
RENKER Gustav: Bergkrieg; Styria, Graz, 1936
SCHACHINGER Werner: Die Bosniaken Kommen; Stocker, Graz, 1984
SCHAUMANN Walther: Die Bahnen zwischen Ortler und Isonzo 1914 – 1918; Bohmann, Wien, 1991
SCHAUMANN Walther: Monte Piano; Ghedina & Tassotti, Bassano del Grappa
SCHAUMANN Walther: Schauplätze des Gebirgskriegs (5 Bände): Ghedina & Tassotti, Bassano del Grappa
SCHAUMANN Walther: Toblach; Ghedina & Tassotti, Bassano del Grappa, 1986
SCHAUMANN Walther: Vom Ortler bis zur Adria, Die Südwestfront 1915-1918 in Bildern; Mayer & Co., Wien, 1993
SCHAUMANN W./SCHUBERT P.: Süd-West-Front, Österreich-Ungarn und Italien 1915-1918; Mayer & Co., Wien, 1992
SCHAUMANN W./SCHUBERT P.: Wege zum Frieden, Ein Museumsrundgang für Jugendliche ab 10; Mayer & Co., Wien, 1992
SCHAUMANN W./SCHUBERT P.: Isonzo, Krieg ohne Wiederkehr, Ghedina & Tassotti, Bassano, 1993
SCHEMFIL Viktor: Col di Lana; Buchdienst Südtirol, Nürnberg, 1983
SCHEMFIL Viktor: Das k. u. k. 3. Regiment der Tiroler Kaiserjäger im Weltkrieg;
SCHEMFIL Viktor: Die Kämpfe am Monte Piano und im Cristallo-Gebiet; Univ. Verlag Wagner, Innsbruck, 1984
SCHEMFIL Viktor: Die Kämpfe im Drei Zinnen-Gebit und am Kreuzberg in Sexten; Univ. Verlag Wagner, Innsbruck, 1986
SCHEMFIL Viktor: Die Pasubio-Kämpfe; Buchdienst Südtirol, Nürnberg, 1984
SCHNEEBERGER HANs: Der berstende Berg; Stalling, Berlin, 1941
SCHOLZ Hugo: Landsturm; Stocker, Graz, 1982
SCHUBERT Peter: Freilichtmuseum des Gebirsgkrieges 1915-18 Plöckenpaß; Mayer & Co., Wien, 1993
SEELOS Josef: General Verdroß 1951 – 1931; Schlern Schriften 163, Wagner, Innsbruck, 1957
SKORPIL Robert: Pasubio; Tyrolia, Innsbruck, 1974
SPRINGENSCHMID: Costabella, Berg meiner Jugend; Stocker, Grau 1973
SPRINGENSCHMID: Der Sepp; Rother, München
STEINER J./ORTNER M.: Uniformen Handbuch der gesamten Bewaffneten Macht; Edition S&H, 1993
STRIFFLER Robert: Der Minenkrieg in Tirol 1917; Buchdienst Südtirol, Nürnberg
STRIFFLER Robert: Der Minenkrieg in den Dolomiten 1915-17, Buchdienst Südtirol, Nürnberg
TRENKER Luis: Berge in Flammen; Bertelsmann, 1971
TRENKER Luis: Sperrfort Rocca Alta; Knaur, Berlin 1938
WEBER Fritz: Alpenkrieg; Kollitsch, Klagenfurt, 1934
WEBER Fritz: Das Ende einer Armee; Reichel, Augsburg, 1936
WEBER Fritz: Feuer auf den Gipfeln; Manz, Regensburg
WEBER Fritz: Frontkameraden; Kollitsch, Klagenfurt
WEBER Fritz: Granaten und Lawinen; Steyrermühl
WEBER Fritz: Isonzo 1915-17 (3 Bände); Kollitsch, Klagenfurt, 1933
WEBER Fritz: Menschenmauer am Isonzo; Steyrermühl
WEBER Fritz: Sturm an der Piave; Steyrermühl
WISSHAUPT Ernst: Die Tiroler Kaiserjäger im Weltkrieg 1914 – 1918 (2 Bände); Göth, Wien, 1935

Register

Albert, König von Belgien, 17
Alverà Graèr, Isidoro, 46, 47
Alverà Venticello, Ignazio , 47
An der Lan, 76
Ausserer, Karl, 78
Averau, 131
Baden bei Wien, 150
Barbarìa Zuchìn, Bortolo, 112, 114
Battisti, Dr. Cesare, 194
Baur, Josef, 44
Beckers, Hermine, 17
Benesch, Fritz, 19
Berti, Antonio, 49, 72
Bilgeri, Georg, 58, 173
Boos-Waldeck, Graf, 20
Boscarolli, Emil, 32
Bozen, 33
Brandström, Elsa, 30
Bruneck, 74, 114
Buchenstein, 18, 44, 190
Cadorna, Luigi, 42, 47, 131
Caetani, Gelasio, 132, 134, 136
Cantore, Antonio, 110
Caporetto, 105
Chaborsk, 32
Christomannos, Theodor, 17
Coda, Valentino, 188
Col dei Bos, 110
Col di Lana, 132, 134, 135, 136, 176
Constantini, Isidoro, 48
Corte, 44, 46
Cortina, 18, 46, 47, 48, 112, 114, 198
Da Basso, Raffaele, 76
Dankl, Viktor, 54
Degiampietro, Guglielmo, 144
Dimai, Agostino, 47
Drei Zinnen, 74, 80
Egger-Lienz, Albin, 33
Eisacktal, 186
Enneberg, 54
Eugen, Erzherzog, 78
Fedaja, 177, 178
Fiames, 47
Fleimstal, 144
Florenz, 194
Forno, 144
Franz Ferdinand, Erzherzog, 20
Franz Josef, Kaiser, 19, 20, 22, 28, 44, 46
Freschùra, Attilio, 188
Galizien, 24, 188
Giacomel, Prof. Paolo, 198
Giolitti, Giovanni, 42
Goiginger, Ludwig, 56, 136
Gorlice-Ternow, 24
Gran Poz, 178
Graz, 194
Grodek, 24, 27
Grödental, 18
Grödnerjoch, 144
Handl, Leo, 173, 174
Hayd, Karl, 58
Hofer, Andreas, 48, 52
Hofmannsthal, Hugo von, 17
Homa, Adalbert, 134
Hosp, Josef, 72
Howard Bury, Emily, 47
Innerkofler, Sepp, 18, 49, 70, 72, 80, 84
Innichen, 16, 88
Innsbruck, 58, 74
Irschara, Don Valerio, 46
John, Wilhelm, 33
Jungmann, Peter, 96
Karersee, 17
Karfreit, 176
Katzenau bei Linz, 194
Klausen, 144
Kostner, Franz, 110
Kötschach-Mauthen, 198
Krafft von Dellmensingen, Konrad, 56
Krakau, 27
Kreuzbergpass, 72
Kulka, Rudolf , 28
Kutschera, Adolf Ritter von, 192
Lacedelli, Rolando, 196

Lacedelli, Simone Giuseppe, 114
Lagazuoi, 110, 131, 132, 198
Lang, Josef, 194
Lichem, Heinz von, 186
Limanova-Lapanow, 24
Luca, Pietro de, 49, 70, 80
Lunelli, Italo, 72
Lunelli, Pietro, 49
Lussu, Emilio, 110
Malcher, Fritz, 150, 151
Marmolata, 173, 174, 176, 177, 178, 180, 198
Martini, Ettore, 131, 132
Matschik, Martin, 173
Menardi Amanàco, Michele, 198
Menardi de Vico, Maria, 48
Monte Piano, 94, 105, 180, 198
Mörl, Dr. Anton, 54, 87
Müller, Hans (Bruder Willram), 72
Niederdorf, 17
Obergottsberger, Franz, 31
Palla, Teresa, 46
Paternkofel, 70
Plätzwiese, 96
Pocol, 110
Pompanin Bà, Luigi, 114
Princip, Gavrilo, 20
Prochaska, Bruno, 28
Przemysl, 24, 26, 28
Rainalter, Reinhold, 88
Rapp, Franz von, 80
Redlich, Josef, 186
Rotwand, 76
Rovereto, 198
Sala, Giovanni, 72, 76
Santo Stefano in Cadore, 76
Sarajevo, 20, 22
Savs, Viktoria, 72, 78
Schalek, Alice, 56
Schaumann, Walther von, 105, 198
Scherf, Viktor, 178, 179
Schmid, Rudolf, 176, 177, 178
Schraffl, Josef, 186
Sief, 110, 135
Sennes, 96
Sentinella, 76
Serauta, 173
Serbien, 22, 42
Sexten, 18, 87, 88
Sextenstein, 78
Sillian, 80
Slota Gora, 31
Sophie, Herzogin, 20
Soratrói, Albino, 112
St. Ulrich, 144
Steiner, Ignaz, 32
Strohmaier, Josef, 178
Taibon, Josef, 80
Terschak, Emil, 18, 19
Tirol, 138, 192
Toblach, 18, 88
Toblinger Knoten, 74
Trakl, Georg, 27
Travenànzes, 114
Trenker, Luis, 58, 84, 132
Trentino, 186 194
Tries, 150
Tschurtschenthaler, Anton von, 135
Turin, 194
Ubl, Hannsjörg, 21
Unterkircher, Alois, 97
Uzelac, Emil, 138
Vallazza, Giuseppe, 44
Valparolapass, 198
Venedig, 198
Vorarlberg, 192
Wallpach, Arthur von, 49, 72
Wien, 18, 42, 150, 194
Wundt, Theodor, 19
Zontini, Giovanni, 22

„Ich bin der Sieg
Mein Vater ist der Krieg
Der Friede ist mein Sohn
Der gleicht meinem Vater schon“
Erich Fried